ZIELSPRAAK

De taal van je lichaam

Julia Cannon

(Vertaald door: Philomène Kerremans)

Julia Cannon 2013
Eerste Engelse druk-2013
Eerste Duitse druk-2021

Library of Congres Catalogiging Publications Data
Cannon, Julia, 1957 –
ZielSpraak – De taal van Je Lichaam, door Julia Cannon
De geheime manier begrijpen waarop je lichaam boodschappen levert vanuit je ziel aan de hand van kwaaltjes, pijnen en ziektes.

1. Hogere Ik 2. Ziel 3. Genezing 4. Lichaamstaal
I. Cannon, Julia, 1957- II. Genezing III Metafysica IV. Title

Library of congress Catalog Card Number: 2021939189
ISBN: 978-1-950608-48-5

Illustratie en vormgeving: www.enki3d.com & Travis Garrison
Boek in: Times New Roman
Vertaald door: Philomène Kerremans
Boekontwerp: Nancy Vernon
Uitgegeven door:

PO Box 754
Huntsville AR 72740
WWW.OZARKMT.COM
geprint in de VS

Zolang je in je kracht staat, is niks te zwaar om te dragen.

Niets gaat boven een limiet – alles is mogelijk. Het hangt er vanaf hoeveel je bereid bent te geloven.

-Je Hogere Ik-

DANKWOORD

Er zijn zovele mensen geweest die hebben bijgedragen aan dit boek. Het werd niet enkel door mijn inspanningen verwezenlijkt. Ik moest een compleet andere rol aannemen, om dit gedaan te krijgen. Doorgaans ben ik de ondersteunende persoon, die aanmoedigt waar nodig. Nu was ik degene die ondersteuning nodig had, en aanmoediging.

Ik ben mijn Hogere Ik dankbaar omdat het me er constant aan herinnerde, hoe belangrijk het was om deze informatie “in de ether”, te krijgen. Het wist uiteindelijk wat me m’n kont zou doen opheffen en in beweging zou doen komen.

Ook mijn moeder ben ik erg dankbaar, voor haar zegens, hulp en bijdrage om dit voltooid te zien worden. Het zijn haar eerste stappen die de weg hebben vrij gemaakt voor mijn inspanningen; We vormen een goed team, hoewel ik me er soms tegen verzet.

Ook dank aan Vitaly, om mijn kracht te zijn wanneer ik een schouder nodig had, zowel om op te huilen als om op te leunen. Ik ben je eeuwig dankbaar. Dit is de betekenis van “partner”.

Dank je, Tiffany, om de beste dochter ter wereld te zijn. Ik ben zo blij dat je mij koos als moeder!

Ik ben heel dankbaar voor mijn achterban, Kristy, Nancy, Sara, Shonda, om me de ruimte te helpen maken die ik nodig had om te schrijven. En Martyn die me hielp met het onderzoeksmateriaal.

Dank aan James voor je vreemde motivatietechnieken. Het bleek te werken!

En een allerlaatste dankbetuiging voor al degenen die me onderweg hebben aangemoedigd – jullie hebben geen idee hoe belangrijk jullie bemoedigende woorden waren.

Table of Contents

INLEIDING

Doorheen dit boek zal je opmerken dat we veel meer zijn dan het totaal aan vlees en bloed dat we tonen aan de wereld. Onze lichamen zijn wonderbaarlijke machines, waarin we besloten hebben onszelf te huizen gedurende deze ervaring die we ons leven noemen. Deze machines zijn ontworpen om feilloos te functioneren, zonder pijntjes, ziekte of kwalen. Het kan zichzelf ook herstellen van kleine afwijkingen indien we hierin niet tussenkomen. Als we ontworpen zijn om nooit ziek te zijn, waarom is er dan zoveel ziekte in de wereld? Waarom zijn er zovelen onder ons die in een constante staat van ziekte en pijn vertoeven? Kan het zijn dat hier meer achter schuilt dan men initieel zou aannemen? We beginnen ons nu pas de rol te realiseren die we hebben in deze lichamen, en op deze planeet. Als je je niet kan vinden in de denkwijze die ik hier naar voren zal brengen, is dat helemaal ok, je hoeft het niet volkomen met me eens te zijn om te snappen wat ik wil overbrengen. Iedereen heeft recht op zijn eigen waarheid en begrip. Ik moedig je aan de informatie te lezen en dan voor jezelf te beslissen of het waarheid bevat.

De informatie die ik zal delen, vindt zijn basis in het werk van mijn moeder, Dolores Cannon, en haar talloze cliënten die ze ontmoette tijdens haar meer dan veertig jaar lange carrière, alsook mijn eigen intuïtieve noties die ik verkreeg door samen met haar te werken. Wanneer je de taal van het lichaam begrijpt, begint elke persoon transparant te worden. We dragen letterlijk onze innerlijke problemen "op onze mouw." Je zal zien wat ik bedoel naargelang we vorderen.

Ik werd geleid tot het schrijven van dit boek gedurende verschillende jaren, maar ik voelde weerstand hieromtrent, omwille van vele factoren. Een van de dingen die me remde, was het zien van alle uitmuntende boeken die er al waren rond dit onderwerp. Dat kan nogal intimiderend werken. Dit is geen nieuw concept. Louise Hay was een van de eerste om ons te tonen dat ons lichaam de hele tijd door berichten naar ons stuurt en dat, als we de berichten kunnen verstaan, we een diepgaand inzicht in ons leven kunnen verwerven. Ze had een bloeiende carrière waarin ze mensen toonde hoe zichzelf te genezen aan de hand van deze boodschappen en het brengen van balans. Men verwees mij ook naar Annette Noontil, "The Body is the Barometer of the Soul," en Inna Segal: "The Secret Language of the Body." Zoals ik al zei, dit is geen nieuw gegeven. Dus je kan mijn weerstand begrijpen om nog zo een boek op de wereld te brengen. Mijn leiding hield aan en dit op een erg doordringende wijze.

Ik vroeg wat dit boek zou bieden, wat niet te vinden was in een van de andere die al waren gepubliceerd. Men vertelde me dat er een proces is, waarbij we met onszelf communiceren om onze plek in onze ontwikkeling en onze missie op deze planeet te begrijpen. Er regeert zoveel ziekte, ongemak en lijden omdat we niet luisteren naar de boodschappen die ons lichaam ons levert, of deze gewoonweg niet begrijpen. Er is ook ene proces waarbij we de boodschappen begrijpen, en er de passende actie bij nemen. Als we volkomen toewijden aan dit proces, activeren we ons eigen "genezen", net als verdere ontwikkeling en begrip van wie we werkelijk zijn. Dus een van de boodschappen die ik uit den treure zal herhalen is dat we moeten deelnemen aan het "proces." Dit is geen boek waarin je snelle antwoorden zal vinden. Er zijn hoofdstukken die je tonen hoe de verschillende delen van het lichaam hetzelfde type aan informatie representeren, maar deze zijn er enkel om je te tonen hoe het proces in zijn werk gaat, zodat je kan deelnemen en zodoende je eigen genezing te omarmen. Men heeft me verteld dat het erg belangrijk is dat we stoppen met buiten onszelf te kijken voor antwoorden. Hou op met zoeken naar iets of iemand anders om onszelf te herstellen. We hebben alle antwoorden binnenin en ik zal je tonen hoe waar deze stelling is. Ik zal je ook tonen hoe je jezelf kan verbinden met dit lichaamsdeel, opdat je de boodschappen duidelijk kan horen en hoe je ze kan interpreteren.

We zijn allemaal grootse en machtige wezen, het is mijn missie te helpen herinneren.

Iets anderen dat me weerhield is de gedachte dat mijn moeder hier al zolang mee bezig is, en zoveel informatie vergaarde. Ik voelde me bijna schuldig dat ik de noties kreeg om dit boek te schrijven. Het was voor haar een hele ontdekking dat ze het patroon had blootgelegd waar ze keer op keer op botste met haar cliënten aangaande de betekenis van hun pijnen en kwalen. Ik vond dat ik niet genoeg had gedaan om de informatie te verkrijgen voor dit boek. Nu realiseer ik me dat dit een erg verkeerde instelling was, komende uit een oud energiepatroon. Met de tijd die versneld, en wijzelf die meerdere dimensies tegelijk doorkruisen, zou het me zwaar vallen om eender wat te doen dat zoveel toewijding en geduld vergt. Ik weet dat, toen m'n moeder thuiskwam en me vertelde over de verschillende scenario's en wat de indicaties ervan waren voor de verschillende cliënten, ik had altijd enorm fascinerend vond dat je kon weten wat er aan de hand was met iemand, zonder dat zij je zelf ook maar iets vertelden behalve hun pijn. Het duurde nog verschillende jaren vooraleer ik deze woorden op papier zette, maar ik ben eindelijk mijn rol op dit pad aan het accepteren. Er zullen er velen zijn die zich afvragen hoe ik zoveel weerstand kan hebben als je al geleid wordt om iets te doen. Je zal opmerken doorheen dit boek datik nogal koppig kan wezen en ik het niet leuk vind om verteld te worden wat te doen. Zelfs al komt het van de hoogste hogerhand, ik zal waarschijnlijk verzet tonen als ik de indruk krijg dat ik word gemanipuleerd, of het niet mijn eigen bewuste keuze is. Zo zie je maar, zelfs als je je bewust bent van je ontwikkeling kan je je nog verzetten.

Ik hoop dat je dit boek leest mijn een open geest, en zo je waarheid bij je te halen. Naargelang je de processen doorloopt die ermee te maken hebben, zal je merken hoe groots en krachtig je bent als manifesteerder, en hoe makkelijk doch intens het is om je eigen genezing in te schakelen.

HOOFDSTUK 1

BOODCHAPPEN

Dit boek zat er al even aan te komen. Als iets naar voren komt uit je leven dat wortels heeft in alles dat je hebt gedaan, is het veilig om te stellen dat het een product is van je levenservaringen. Ik was een “Navy brat” (een militaire term voor een kind dat is opgegroeid binnen het leger) wat betekende dat we ongeveer om te twee maanden verhuisden, afhankelijk van de overplaatsingen van mijn vader.

Hoewel we opgevoed werden als “Baptisten” en we elke zondag naar de kerk gingen, werd ons ook geleerd om open te staan voor andere dingen met een kritische blik. Voor zover ik me kon herinneren was ik altijd al geïnteresseerd in ongewone zaken, dingen die je niet kon zien. Voor mij was het niet zo ongewoon, we waren altijd onze horizon aan het verbreden, vandaag de dag is dat nog steeds zo.

Ik herinner met niet wanneer ik auditieve boodschappen begon te ontvangen. Het was heel geleidelijk, subtiel en het begon als een voorgevoel. Zo herinner ik me enkele malen dat ik al rijdende een vraag of situatie aan het overdenken was en dan hoorde ik een uitroep vanop de achterbank van de auto. Ik draaide me om, verwachtende dat daar iemand zou zitten, er was niemand. De tweede keer dat het gebeurde was ik sneller van besef. De realisatie rees dat er iemand, of iets een poging deed tot communicatie. Ik besloot actie te ondernemen in lijn van wat “het’ naar me had geroepen. Ik herinner me niet wat hiervan het resultaat was, maar ik denk dat het belangrijkste was, dat ik erkende dat er een lijn van communicatie was. Het leek iets te…openen, op dat moment.

Vele mensen vertelden me dat ze een soortgelijk roepen vanop de achterbank in de auto hebben meegemaakt of ergens achter zich. Ik denk dat het doorkomt als een schreeuw in het begin, omdat dit de allereerste keer is dat men van de andere zijde naar onze realiteit "doorstoot", het is niet iets dat we gewoon zijn om te "horen". "Zij" praatten heel de tijd tegen ons, maar we horen het niet. Eenmaal het erdoor is gekomen, en we dit hebben erkend, verandert het in een zeer subtiel geluid of "weten." Ik kan je verzekeren dat bijna iedereen dit hoort, maar omdat het zo subtiel is, wordt er aangenomen dat het hun eigen gedachten zijn. Je zal vaststellen dat, indien je een vraag stelt, je een antwoord zal horen. De meesten onder ons denken dat wij dit zelf zijn, dus het wordt niet gezien als iets relevants of correct. We hebben het moeilijk met geloven dat we echt zelf de antwoorden binnenin ons hebben. Ik zal je in de volgende hoofstukken tonen hoe je de antwoorden kan hebben, en eigenlijk al hebt. Je moet het enkel geloven.

Om verder te gaan met mijn verhaal, in het begin ontving ik dus doorgaan korte antwoorden, bestaande uit doorgaan een woord als ik een vraag stelde. Omdat ik nu eenmaal een nieuwsgierig Aagje ben, besloot ik dat ik wou weten wie of wat dit was, dat ik hoorde. Sindsdien ben ik erachter gekomen dat dit een normale fase is in de ontwikkeling van deze capaciteiten. Ik ben ervan overtuigd dat dit een "menselijke" trek is, het helpt ons het verschil te zien voor onszelf. Ik vroeg "hun" of wie het ook was, hoe ik kon weten of "zij" het waren, of ik het gewoon zelf was... Sommige dingen die ik hoorde waren erg aardig, zeker en vast dingen waarvan ik wou dat ze echt waren. Zo hoorde ik, "Als wij het zijn, zijn we net achter je rechteroor. En als je het zelf bent, zal het links bovenop je hoofd zijn." Nu, dit is niet bij iedereen het geval. Dit is gewoon hoe het werd vooropgesteld voor mij. Om voor mezelf het verschil te kunnen duiden. Gewoon gezond "menselijke" perceptie. We moeten deze dingen weten om verder te kunnen.

Een ander fenomeen dat ik begon waar te nemen is dat ik drie verschillende bevestigingen ontving na het ontvangen van een boodschap, en dit binnen een periode van 24 uren. Deze bevestigingen bestonden uit iemand die naar me toe kwam en woord voor woord de boodschap herhaalde, of ik hoorde het op de radio, zag het op een reclamebord of op de televisie, toevallig las ik het op de pagina waar ik het boek opende… Ik geloof dat dit helpt om het voor ons te bevestigen dat we het wel degelijk hoorden. Dit proces van erkenning en bevestiging helpt om vertrouwen te krijgen in onze eigen leiding en opent ook het communicatiekanaal verder. Ik heb de bevestiging niet langer nodig, maar het komt nog steeds. Ik zeg, "Dankjewel," en sta nog steeds vol bewondering over hoe het doorkomt.

Naargelang de sluier der vergetelheid aan het verdunnen is, beginnen we allemaal te ontdekken dat we gaven hebben. Ik kan visuele beelden waarnemen (in mijn derde oog), boodschappen horen, energie voelen, en dan weet ik het. Dit zijn maar enkele van de vele manieren waarop we informatie kunnen verkrijgen. Ik ben niet speciaal – iedereen kan dit. Ik garandeer eender wie van jullie dat er sluimerende gaven zijn. Als je dit een weerlegbare gedachte vindt, is het omdat je verwachtingen hebt over hoe het eruit moet zien, of je denkt dat deze gaven je "anders", "uniek" en "speciaal" maken. Iedereen ontvangt informatie op zijn eigen unieke wijze. Gewoon omdat iemand die je kent in staat is om visuele dingen waar te nemen of te intiutief te weten bijvoorbeeld, wil niet zeggen dat het zo ook bij jou zal zijn. Sta jezelf toe te ontwikkelen op je eigen, unieke wijze. Een zeer populaire en vaak onderschatte gave is het krijgen van kippenvel. Je weet wel, als je haren overeind gaan staan, gaat soms gepaard met rillingen? Er worden verschillende namen aan gegeven in verschillende landen, maar ik denk dat je wel snapt wat ik bedoel. Als je kippenvel krijgt, betekent dit dat wat je net ook hoorde of zelf zei WAARHEID is.

"Zij" vertelden me dat deze gaven ons geboorterecht is. Ze zijn zo natuurlijk als ademen. Dus als je kan ademen, heb je waarschijnlijk wel degelijk gaven in je. Sta ze gewoon toe om door te komen. Er is NIETS om bang voor te zijn – je vormt je gewoon verder in je ware ik.

Iets meer dan tien jaren geleden, ging ik helemaal op in mijn verpleegstercarrière, toen leidde ik een thuisverplegingsbedrijf. Ik was een geregistreerde verpleegster voor meer dan twintig jaar, en was gespecialiseerd in intensieve zorgen en thuiszorg. Ik bleef maar boodschappen ontvangen voor het starten van een centrum voor genezing in Arkansas. Ik dacht, "Waarom zou ik een dergelijk centrum beginnen in Arkansas?" Deze berichten kwamen onafhankelijk van elkaar op vier verschillende tijdstippen, en ik begon kleine stappen in die richting te ondernemen, maar dan liet ik het weer vallen om terug te keren in mijn comfortzone. Ik had een vrij comfortabel leven in verpleging en kon het niet opbrengen me ervan af te keren en toch comfortabel te blijven. Deze boodschappen kwamen over een periode van twee tot drie jaar. Ik deed zelfs een poging tot het opzetten van een soort gezondheidscentrum in Missouri, waar ik toen leefde. Dus ik kreeg de boodschappen, erkende ze en probeerde mijn acties ernaar te sturen, maar ik probeerde het op mijn manier – een manier waarbij ik me comfortabel voelde. Toen de laatste boodschap kwam, stelde ik een andere vraag. Ik vroeg, "Hoe, in godsnaam, kan ik een genezingscentrum starten in Arkansas?" Ik vermoed dat dit de magische vraag was, want zodra ik het vroeg, veranderde mijn leven compleet. Het was alsof het universum zei: "Ik zal je eens tonen hoe!" Ik werd weg geplukt uit het comfortabele leventje dat ik het opgebouwd en zo goed kende, en werd zonder pardon in mijn nieuwe onzekere leven met nieuwe start gegooid. Er bleef niets meer over van mijn vorige leven. Mijn bezittingen waren weg, mijn loopbaan was weg. Alles wat ik had gekend, al mijn comfort – weg. Alles wat ik nog had was mijn familie. Sindsdien heb ik gelezen dat dit soms gebeurt om je te tonen wie je werkelijk bent. Je bent niet je bezittingen, je carrière of je maatschappelijke status. Men neemt alles van je af en wat nog overblijft is "jou".

Dit was mijn ervaring met het etherische of universele "two by four." Ik zou willen stellen dat het mijne meer aanvoelde als een ten-by-six. Ik kan soms erg koppig zijn en het vergde meer om mij te doen luisteren, vermoed ik. Ik verzette me hevig tegen de verhuis die me werd opgedrongen. Zelf nu, terwijl het zich aan het ontvouwen is, verzet ik me nog tegen dit nieuwe leven. Dit is ietwat ironisch, aangezien velen me benijden omdat ik 24/7 kan leven in wat ik geloof. De meeste mensen proberen activiteiten rond wat ze geloven in te plannen rond werk dat ze niet leuk vinden met mensen die hen niet begrijpen. Ik ben de hele tijd omringd door fascinerende persoonlijkheden en in staat naar alle verre uithoeken van de wereld te reizen.

Ik denk dat ik me niet steeds verzet omdat er een menselijk deel van mezelf is dat het niet fijn vindt te worden gecommandeerd. Het maakt niet uit hoe wonderbaarlijk dit nieuwe leven is, het is niet wat ik had gepland voor mezelf. Zijn we niet onnozel? Geef ons de maan, maar als het niet kwam op de manier die we verwachtten, zijn we nog steeds niet helemaal tevreden. Langzaamaan ben ik dit leven als het mijne aan het accepteren. Zeker naarmate ik meer begrijp over hoe de guidance en “two-by-fours” werken.

HOOFDSTUK 2

HYPNOSE

De grootste invloed voor dit materiaal is mijn moeder, Dolores Cannon. De beste manier om in contact te komen met haar werk is haar even door Google te halen. Ik zal het deel van haar werk dat van toepassing is op wat ik hier presenteer, aanhalen.

Dolores is een regressie-hypnose therapeute, gespecialiseerd in vorige levens. Ze is een meester-hypnotherapeute en heeft dit werk voor meer dan veertig jaren gedaan. Ze is een vooruitstrevende en dappere vrouw, nooit bang en altijd nieuwsgierig.

Mijn vader was in legerdienst gedurende eenentwintig jaar en het voelde wel aan alsof we constant van locatie veranderden, bijna elke twee jaar verhuisden we. Ik vermoed dat de continu verandering en blootstelling aan andere omgevingen ook bijdroeg aan onze open geest. We bleven nooit lang genoeg op een plek om blijvende relaties aan te gaan. We waren geneigd tot het snel maken van vrienden, te leren hoe verder te gaan en mensen achter te laten. Onze opvoeding maakte de weg vrij voor een andere manier van denken die dan op zijn beurt ervoor zorgde dat wat in ons leven gebeurde, gebeurde. Ik weet dat het klinkt als een cliché, maar de vraag die me vaak wordt gesteld is, “Hoe was het om op te groeien met een moeder zoals Dolores?” Je moet weten, ze was niet altijd wat je vandaag de dag ziet. We waren een doorsnee militaire familie, die nauwelijks de eindjes aan elkaar knoopten.

Mijn vader was de originele hypnotist en mijn moeder assisteerde hem. Dit was allemaal in de jaren ’60, toen vorige levens en metafysica nog onbekende termen waren. Ze waren een vrouw aan het helpen met gewichtsverlies met behulp van hypnose, toen ze plots overging in een ander leven. Dit leidde terug naar een onwaarschijnlijk verhaal dat terug gaat over vijf levens en waar ze werd gecreëerd. Dit was verbazingwekkend en opende vele nieuwe manieren van denken voor hun. Je vindt het volledige verhaal hiervan in het boek, "Five Lives Remembered."

In de loop van de tijd, werd Dolores beter en beter in haar werk met mensen. Ze ontdekte steeds meer avonturen en heeft zeventien boeken geschreven op het moment van dit schrijven (2012). Ze heeft onder andere met UVO-ontvoerden gewerkt voor meer dan twintig jaar en naargelang ze samenwerkte met de buitenaardsen, begon ze informatie te verkrijgen die van een nog zuiverdere natuur was dan dat van de ET's. Ze was aan het communiceren met een hoge bron van informatie. Dit zou later bekend komen te staan als de "bron van alle kennis". Ze ontdekte dat deze bron van informatie in staat was om een complete en accute genezin uit te voeren van de persoon waar ze mee werkte, indien dit gewenst was. Tijdens het werken met deze hogere kracht, werd haar meegedeeld hoe het lichaam kleine kwalen, pijnen en ongemakken gebruikte om boodschappen te sturen naar de persoon. Dat is waarover ik het in dit boek zal hebben.

Ik begon boodschappen te ontvangen die me aanspoorden tot het schrijven van dit boek toen ik Dolores aan het helpen was met het onderwijzen van haar hypnose methode lessen. Quantum Genezing Hypnose Therapy (QQHT). Ik was meestal aan het werken achteraan in het lokaal, en dan kreeg ik de boodschap door dat ik degene zou zijn die alle informatie aangaande het lichaam op een plek verzamelde. Eerst voelde ik me geïntimideerd, aangezien dit Dolores haar ontdekking was, hoe zou ze zich voelen als IK dit zou samenvoegen? Ik dacht dat we misschien moesten samenwerken zodat er geen twijfel bestond over waar de informatie vandaan kwam. Toen ik ernaar polste, gaf ze aan dat ik haar volledige steun had voor het schrijven, maar dat het mijn eigen boek zou moeten worden, ze had zelf nog verschillende andere boeken die haar aandacht vereisten. Ze bleef me wel informatie verschaffen die ze verkreeg tijdens verschillende sessies, je vindt ze terug in de verschillende voorbeelden in dit boek.

De term sessies zal nog veel worden gebruikt doorheen dit boek. Dit verwijst naar een privésessie waarin Dolores een cliënt hypnotiseert. Hypnose is een diepe staat van relaxatie waarin de cliënt in staat wordt gesteld informatie aan te spreken op verschillende manieren. De meest gebruikelijke manier is aan de hand van visualisatie, maar sommige anderen kunnen eerder "hun omgeving aanvoelen" of "weten" gewoon. Ik wil dat je dit weet omdat er zovelen komen voor een sessie met verwachtingen rond wat ze denken dat er gaat gebeuren. Deze verwachtingen zijn gebaseerd op vooroordelen, stammende uit vroegere ervaringen of wat ze lazen.

Aan de hand van dit hypnoseproces is de cliënt in staat om verschillende tijdstippen / plaatsen te visualiseren – eender wat dat toepasselijk wordt geacht door hun hogere ik. Informatie van deze verschillende tijdstippen / plaatsen kan helpen bij het verkrijgen van inzicht over je huidige levenssituatie.

HOOFDSTUK 3

WIE WE ECHT ZIJN

Om te beginnen begrijpen hoe je dit genezingsproces op gang kan brengen, moet je eerst begrijpen wie je echt bent. Je bent niet enkel vlees en bloed. Je hebt een lichaam van vlees en bloed, maar dat staat in connectie met iets veel grootser. Je bent wellicht bekend met de uitspraak, "Je bent geen lichaam, je hebt een lichaam." Dit is zowat het pak dat je besloot aan te trekken voor deze aardse ervaring. Nu, voor je je gaat opwinden, realiseer je even dat je alles aangaande je leven koos voor een reden. Omdat je dingen wou leren. Toen we hierheen kwamen was dat met de bedoeling te leren en ervaren – Alles! Op deze manier kunnen we groeien en ontwikkelen. Zonder het al te ingewikkeld te maken, we hebben een ziel, die besloot naar dit plane te komen en menselijke ervaringen te beleven. Dit Aardse plane heeft regels, een beetje zoals het spelen van een spel. En een van de regels bij dit Aardse spel, is dat we de regels niet mogen weten. Een beetje zoals een spel spelen in het donker, geblinddoekt… Dit maakt het spel uitdagende, en leuker (vermoedelijk…) Terug naar wat ik zei over "een lichaam hebben, niet een lichaam zijn." We beginnen als een ziel.

Dit is de meest uitdagende en lastige universum van alle universums om in te leven. Dit is de meest roerige planeet van alle planeten. Opdat het je wordt toegestaan naar deze planeet te komen, moet je eerst een meester manifesteerde zijn. Dat is het enige type ziel dat in staat is om te gaan met wat er gebeurt op deze planeet (dit spelbord). Dit is geen toeval, het is bij ontwerp. Zijn er "gamers" onder jullie? Weet je, mensen die graag spelletjes spelen, zeker als het gaat over computerspelletjes. De spellen hebben verschillende levels. Op elk level bevinden zich allerlei uitdagingen die ervoor zorgen dat je je capaciteiten vergroot, verscherpt, zodanig dat je beter rond het volgende obstakel kan. Wat doe je als je een level hebt voltooid? Dan ga je lekker door naar het volgende level, of niet? En dat level is dan ietsje moeilijker en lastiger dan het vorige, met andere uitdagingen. En zo gaat ie door, tot je het hele spel hebt gespeeld, stel je nu voor dat je het hele spel voltooide, prachtig, je bent de meester van dat spel!! Nu wat? Je gaat door naar een ander spel. En, omdat je al een meester bent, neem je waarschijnlijk een spel dat nog moeilijker is, zodat je je skillset verder kan verfijnen. Als je dat spel hebt uitgespeeld, enzoverder… Wat doe je als je ALLE spellen hebt gespeeld? Hmm – een spel ontwerpen?? Wij, als meester manifesteerders, wilden een uitdagende ervaring. Als jij, als meester gamer, een spel wou ontwerpen, hoe zou je dit doen? Misschien beginnen met een omgeving die zwaar en hoog in dichtheid is, zodat het lastig is om erin te bewegen? We zijn het gewoon om licht als lucht te zijn, en te creëeren in een oogwenk. Dit vaste medium zou aanvoelen alsof we door modder baggeren.

Als ik een nieuw spel begin, is het eerste wat ik wil weten hoe het te spelen. De regels. Laat ons stellen dat we in dit spel zelf ontwerpen, er zijn geen regels. Iedereen doet wat ie wil (vrije wil). En om het dan helemaal geweldig te maken, laten we het zodanig ontwerpen dat iedereen het volgende vergeet: 1. Dit is een spel; 2. Wie we echt zijn en 3. Wij hebben dit spel ontworpen. De deken der vergetelheid wordt over onze ogen getrokken van zodra we deze planeet betreden. We zijn de enigen in het universum die vergeten wie we zijn en zodoende ook onze connectie tot alles.

Enkel Meester Manifesteerders kunnen of zouden in staat zijn om zoiets te verwezenlijken!!! We zijn grootse en machtige wezens die hierheen kwamen om betekenisvolle, leerrijke en uitdagende situaties te ervaren. Al dit verscherpt onze capaciteit en gaven voor de nog grootsere dingen die we willen verwezenlijken. Omdat we hier zijn zonder herinnering van wat we in feite zijn, hebben we een communicatiesysteem opgezet dat ons helpt, om ons te laten weten of we te ver afwijken van de route die we moeten nemen om onze verlangens hier te manifesteren. Dit communicatiesysteem werkt de hele tijd door, maar we weten niet altijd hoe we deze boodschappen moeten interpreteren. Hierover zo dadelijk meer.

Dolores Cannon (mijn moeder) leerde haar methode van hypnose aan mensen over de gehele wereld, en ik ben er doorgaans bij, in het klaslokaal om te assisteren. Tijdens een van die lessen in Sydney, Australië, waren we bezig met een discussie aangaande de bron van alle kennis waar Dolores contact mee heeft als de persoon in trance is. Ze delen allen dezelfde diepgaande bron van wijsheid. Dolores noemt dit deel het "Onderbewustzijn" omdat ze niet wist hoe het anders te noemen. Het is niet hetzelfde onderbewustzijn als datgene waarnaar wordt gerefereerd in psychiatrische kringen. Dat is het kinderlijke deel van een menselijke psyche, hetgene waarmee wordt gewerkt tijdens hypnose om gewoontes te veranderen. Hetgene Dolores heeft ontdekt, wordt door anderen wel eens de Overziel genoemd, de Hogere Ik of het Universele Bewustzijn. In de les was er wat gekibbel over wat of wie dit dan eigenlijk is. Ik was achteraan in het klaslokaal aan het werk, zoals gewoonlijk, toen ik plots een visioen kreeg op mijn geestesoog over wat dit allemaal eigenlijk is. Ik dacht, "Oh, dat is cool!" En dan hoorde ik een stem zeggen, "Teken het." Ik zei, "Oh, dat hoeft niet, ik heb het al." En ik hoorde, "TEKEN HET!!"

Als iemand van jullie "hun" al heeft horen roepen, weet je wat ik bedoel. "Ze" zullen roepen indien nodig. Zeker bij de koppige wezens onder ons!!

Je vraagt je misschien af wat deze "zij" of "hun" is waarnaar ik refereer. Dat is wat mijn tekening zal tonen.

Ik begon te tekenen wat me werd getoond, en merkte toen dat ik het toch niet begreep zoals ik dacht. Tijdens het tekenen toonden "zij" me dat enkele subtiele maar zeer belangrijke veranderingen nodig waren. Deze maakten het verschil voor het begrip van de mensen. Toen de klas een pauze had, toonde ik iemand wat me gegeven was. Terwijl ik bezig was met het uitleggen ervan, kwam iemand aangerend en zei, "Dat is het, dat is het antwoord dat ik probeerde te krijgen!" Na de pauze, bracht ik de tekening vooraan de klas. Toen gebeurde er nog iets interessants. Sommige studenten vroegen vragen – vragen waaraan ik zelf niet had gedacht. Bij het stellen van die vragen evolueerde de tekening en de antwoorden werden duidelijk.

Deze tekening bleef ontwikkelen door middel van de vragen die werden gesteld. Vragen zijn erg belangrijk. Hierdoor zie ik het bijna als iets levends. Ik zal het hier voor je tekenen, maar je moet begrijpen dat deze tekening 6-dimensionaal is (Ik weet nog niet helemaal wat het betekent, maar ok!) dat ik probeer over te brengen via 2-dimensionaal medium. Ik ben hierdoor gelimiteerd en zal mijn uiterste best doen om te informatie over te brengen.

Omwille van de gelimiteerde natuur van het medium, zullen bepaalde zaken buiten proportie lijken. Gebruik je verbeelding en ik denk dat je het wel zal vatten.

Dit jij die hier zit en dit leest. Dit is wie je denkt dat je bent.

Dit is wie je werkelijk bent

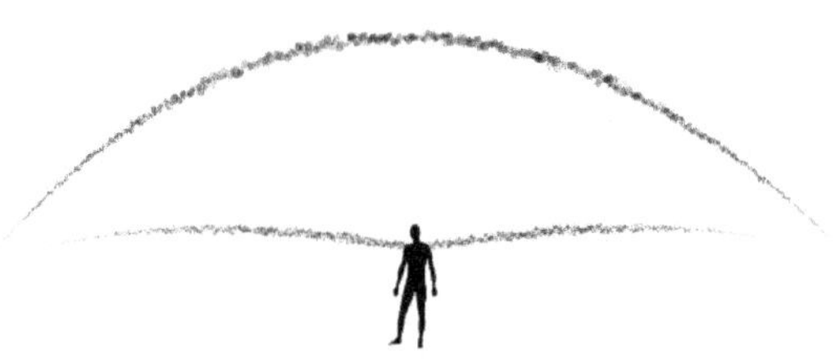

Ik noem dit: “Grote ik” en “Kleine ik.” Je bent gigantisch! Enkel een klein deeltje van wie je echt bent komt in deze fysieke manifestatie dat je je lichaam noemt om deze levenservaring te hebben. De rest van ‘jou’ is buiten jou.

Hier is een persoon in je gezin. Hier is hun “Kleine ik.”

En hun “Grote ik.”

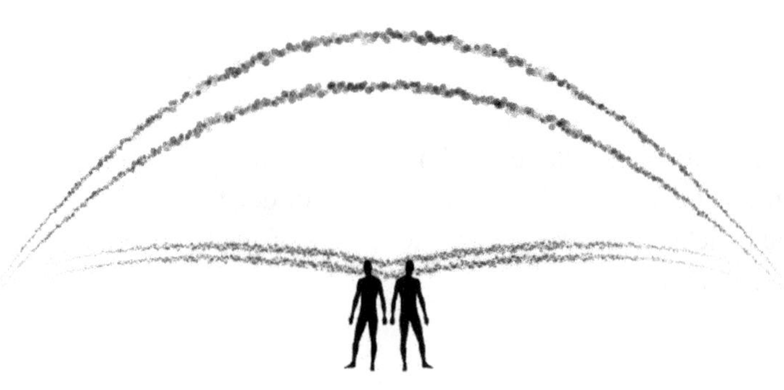

Hier is iemand anders.

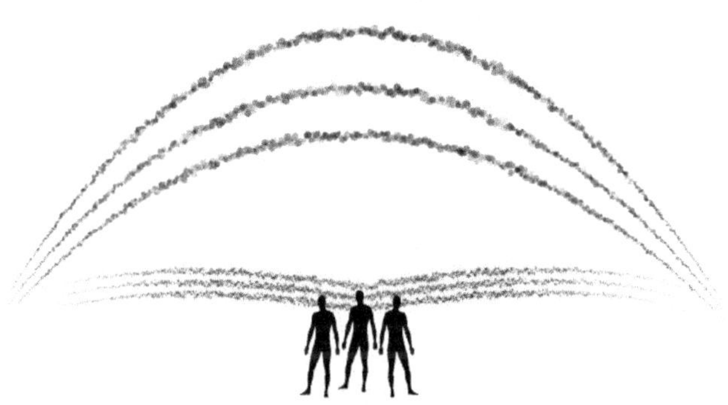

Wat zie je? Wat gebeurt hier?
De “Grote Ikken” overlappen. Misschien alsof ze “geconnecteerd” zijn!? Waar hoorde je dat nog? Dit is hoe en waarom dat een waarachtige stelling is.

Helemaal bovenaan deze tekening is de ruimte die ik nu zie “ademen”. Daarom tekende ik het in een golvende lijn. Dit is “God” of “De Bron.”

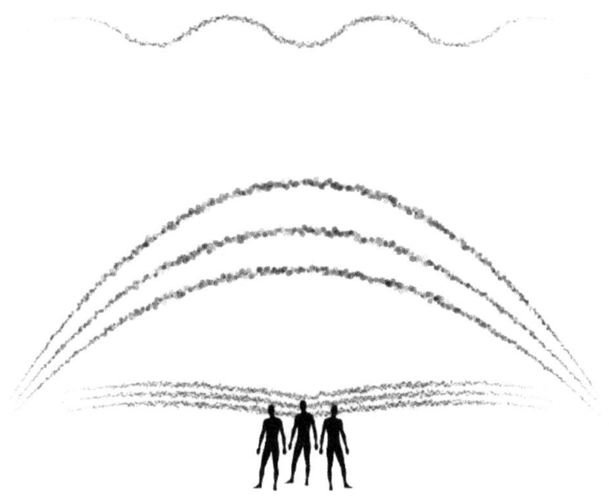

Deze “grote ik” smelt samen met “de Bron”, dus wat wil dat zeggen?

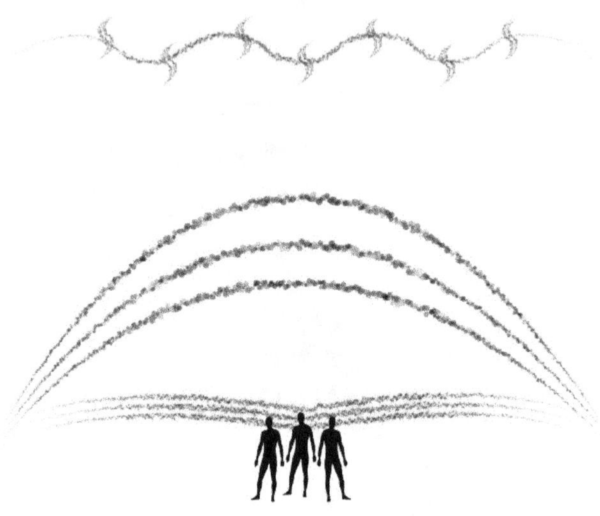

“Grote ik” smelt samen met de Bron, wat een indicatie geeft dat het God is. Als “Grote ik” is wie we echt zijn, en het samensmelt met God, dan zijn we God. Dat is hoe en waarom het een waarachtige stelling is.

Zijn er enigerlei limieten aan God? Is God beperkt, op enigerlei wijze? Ik hoop dat je “nee” zei, aangezien we weten dat dit deel geen limieten kent. Als wij God zijn en dat ongelimiteerd is, betekent dit dat wij ongelimiteerd zijn en alles kunnen. We zijn grootse en machtige wezen – we zijn het gewoon vergeten. Ik deel meer rond deze tekening bij het geven van een lezing, de informatie hier verstrekt is voldoende voor het begrijpelijk maken van dit boek.

We kwamen hierheen om ervaringen te hebben die op hun beurt weer onze arsenaal zouden vergroten. We kwamen hier zo je wil gesluierd heen, met de extra uitdaging van het niet weten waarom we hier zijn of wat we hier doen. Dolores vroeg hun ooit waarom we niet mochten weten van onze voorafgaande connecties met anderen en het plan dat we opmaken voor de levens die we hier leidden. Hun antwoord was, “Het zou geen test zijn als je de antwoorden wist.”

HOOFDSTUK 4

VERTALING HANDLEIDING

Zoals ik in het vorige hoofdstuk vermeldde, zijn we veel grootser dan we ons kunnen inbeelden. We zijn echter vergeten wie en wat we zijn. We kwamen hierheen met een plan, wat we wilden bereiken en ervaren. Wie we wilden ontmoeten en betrokken bij raken, voor een gevarieerd aantal redenen. Aangezien we dit allemaal vergeten, geven we onszelf boodschappen, een vorm van hulp om in de juiste richting te gaan. Het voelt soms aan als een mijnenveld, waarin we rondhuppelen tussen onze levens en langs alle kanten geraakt worden met verschillende soorten levenservaringen. Hopelijk kunnen we deze ervaringen verzamelen en erdoor groeien.

Je kan dit beschouwen als een gidssysteem, een gps-toestel dat je de hele tijd signalen of seintjes geeft zodat je weet welke kant je op moet. Ik denk dat je er baat bij zal hebben als je wat afstand van jezelf kan nemen. Zo kan je op een objectieve manier naar jezelf, de situatie of je leven kijken terwijl ik dit gidssysteem beschrijf. Het is zelfs makkelijker om de boodschappen te onderscheiden als je jezelf ietwat van de situatie kan verwijderen en een objectieve perceptie kan hanteren.

We kwamen in deze levens, wetende dat we ons niet zouden herinneren wie we waren en wat we hier doen, maar we zijn altijd verbonden met onze ware ik, wat je ook beschreven zag in het voorgaande hoofdstuk.

Aangezien ons doel op dit "spelbord" Aarde is om te doen waarvoor we hierheen kwamen, en we tijdens dit proces herinneren wie we zijn, hebben we een manier opgesteld om onszelf boodschappen door te geven. We kunnen eigenlijk ook gewoon praten met dit "Grote ik" deel, maar dat lijkt moeilijk te geloven en de meesten van ons ontkennen die mogelijkheid. Als we niet geloven dat we een gave hebben, dan bestaat deze niet in onze realiteit. Dus, als we niet geloven dat we kunnen converseren met een deel van ons dat "alwetend" is, hoe gaan we dan onze boodschappen doorgeven?

Wat zou jij doen als je probeerde met iemand te praten en ze konden je gewoonweg niet horen? Eerst zal je misschien proberen om luider en luider te praten. Als tweede optie zal je misschien handgebaren bovenhalen of een andere gebarentaal. Je zal misschien proberen om boodschappen te schrijven. Zo gaat het in dit geval ook een beetje. Er zijn verschillende manieren om een boodschap aan jezelf door te geven. Spreken is altijd de eerste optie. Dat is de meest directe en simpelste manier om iets door te geven, indien de boodschap begrepen wordt. Als we nog niet luisteren, is de beste manier van levering doorheen een medium, mechanisme, waar we elke seconden van elke minuut van elke dag mee bezig zijn – ons lichaam. Het lichaam is een wonderbaarlijke boodschapper!

Het lichaam praat de hele tijd tegen ons, dus jij kan ook tegen je lichaam praten. Het heeft niet liever dan dat je ertegen aanlult. Binnenin je lichaam zit een heel universum – je eigen universum dat bestaat uit organen en cellen een weefsel. Als je ertegen spreekt, van je de stem van God. Nu weet het dat wordt erkent wat het aan het doen is, en zal het meer in harmonie met je samenwerken. Een van de studenten van Dolores merkte dat op als geen ander toen ze een experiment uitvoerde met dit concept. Ze postte dit op het forum, het is een prachtig voorbeeld over hoe we met onze lichamen kunnen communiceren.

Elke winter krijg ik opnieuw last van een verkoudheid, een griep. De symptomen zijn rillingen, koude voeten, milde koorts en een versopte neus met veel snot die zo'n drietal weken aanhoudt. Dit weekend keerden we terug uit Oregon, en ik voelde het opzetten. De volgende dag begon ik me af te vragen of ik niet kon voorkomen dat de griepachtige toestand mijn lichaam overnam.

Ik zei, "Aandacht bacteriën en virussen in mijn lichaam. Hier spreekt God. Ik wil jullie laten weten hoeveel liefde ik heb voor jullie en hoe dankbaar ik ben voor jullie aanwezigheid om me zo te leren mezelf te genezen. Je hebt je job gedaan, en ik laat jullie nu gaan met veel liefde en dankbaarheid. Je maag nu naar het licht reizen om je reis verder te zetten met veel liefde en veel dankbaarheid. Ik beeldde me toen in dat ze als kleine kleurrijke vlekjes mijn lichaam verlieten om dan een uitgang te vinden via een gouden / wit licht deurgat. Ik deed dit zo'n tweemaal per dag en de volgende dagen merkte ik dat het echt werkte. Behalve koude voeten, voelde ik me monter.

Ik ben er zeker van dat hier meer achter schuilt dan we momenteel weten. We zien enkel het tipje van de ijsberg. Vermoedelijk, eens we dit begrijpen, zal ons nog een ingewikkelder concept worden aangereikt om te begrijpen. We moeten de babystapjes volgen en vandaaruit verder gaan. Het is geen wedstrijd om te zien wie er het snelste geraakt. We zijn hier om te zien wie het doet. We komen binnen met een plan of missie die inhoudt dat we bepaalde zaken zullen zien, doen, ervaren. Dit lijkt een simpele opgave, maar als je je niet meer herinnert wie je bent, waarom je hier bent en wat je plan was… Dat maakt het makkelijk om afgeleid te worden. De eerste stap om deze reis minder dramatisch en meer geleid te maken, is naar je innerlijke gidssysteem luisteren. Je stelt dit op om je van dienst te zijn rond enigerlei afleiding of verborgen vallen.

Beeld je in dat je in een doolhof ben met hoge muren waar je niet overheen kan kijken. Je kan door dit doolhof dwalen, op muren botsen en doodlopende gangen vinden om elke hoek. Je kan zo elke hoek afgaan en zal uiteindelijk je weg naar buiten wel vinden. Als je door dit proces van eliminatie, analytisch de weg vindt die werkt, fantastisch! Jammer genoeg zijn de meesten van ons niet zo adept, niet zo analytisch. De meesten onder ons worden opgeslokt in de emoties en drama van de situaties, wat het erg lastig maakt om te zien wat er achter de volgende hoek ligt. Zo raakt men opgeslokt door het doolhof… Om dan te vergeten dat het uberhaupt een doolhof is! Ik geef geen kritiek op hoe lang het duurt om doorheen dit doolhof te komen. Het gaat allemaal om ervaring en als dat de ervaring is die je verkiest, helemaal ok! Ik wil gewoon dat je je ervan bewust bent, dat er ook een andere optie is.

Veronderstel dat er zich iemand aan de buitenkant van dit doolhof bevindt, die in staat is om het gehele plaatje waar te nemen, incluis alle obstakels en nergens heen leidende routes. Deze persoon is in staat jou berichten door te spelen, om je te helpen doorheen het doolhof de juiste weg te volgen. Hoe heerlijk zou dat zijn? Klinkt bijna als een geheim wapen! Je eigen gidssysteem, om je erdoorheen te sluizen! De enige voorwaarde is dan dat je in staat bent de berichten van deze andere persoon te ontvangen. Als je ze niet hoort, zal er een andere manier worden gezocht om deze boodschappen tot bij jou te krijgen. Er zijn geen limieten aan manieren waarop ze dit kunnen doen. Er is ook geen limiet aan de manier waarop je om assistentie kan "vragen". Op welke manier jij je doolhof bewandelt, is helemaal jouw zaak. Er is geen goeie of slechte manier. Het gaat allemaal om ervaringen. Sommigen kunnen ervoor kiezen te luisteren naar het gegeven advies, zij slagen er doorgaans in al hun doelen te bereiken in dit leven. Sommigen kiezen ervoor niet te luisteren en dwalen doelloos rond, steeds weer botsend op doodlopende wegen en muren. Nog anderen kiezen ervoor om een andere richting uit te gaan dan degene die werd aangegeven, denkende dat ze het beter weten. Dit zal allemaal verschillende ervaringen uitlokken, en ze zijn allemaal evenwaardig. Ik ben hier om je te vertellen dat je nu bewust kan kiezen welke weg je op wil gaan. Je hebt niet langer het excuus dat je het niet weet. Nu weet je (of je het gelooft of niet) dat er iemand aan de buitenkant is, om je te helpen. Het is jouw keuze of je wil luisteren en het advies wil opvolgen.

Ik realiseer me dat dit verwarrend kan klinken. We kregen ook geen vertalingshandleiding mee om deze boodschappen te ontcijferen. We kennen deze taal op een ander niveau, maar tot ons wordt verteld hoe we deze boodschappen moeten ontcijferen, tasten we in het duister. De taal die wordt gebruikt staat in lijn met onze lichamen. Zoals ik hiervoor al vermeldde, dit is een mechanisme waarmee we elke minuut van elke dag spenderen, dus dat is het beste medium om berichten door te geven, tot we de boodschappen op een directe wijze kunnen horen. De meeste van deze boodschappen zijn zo'n constante dat het makkelijk wordt om deze dan ook een 'taal' te noemen. Eenmaal je begrijpt hoe het werkt, zal je de schoonheid en het simpele ervan inzien. Je zal niet langer doelloos ronddwalen in je leven, je afvragend wat de beste keuze is voor jou. Je ontvangt deze berichten continu, maar tot hiertoe had je niet wat nodig was om deze berichten te vertalen. Dus tot je je eigen manier vindt, kan je dit boek beschouwen als je vertaalhandleiding, om je te helpen met navigeren in dit doolhof dat we leven noemen.

HOOFDSTUK 5

EMOTIES

Emoties zijn de indicators van waar we ons bevinden in relatie tot onze groei aangaande verschillende aspecten van onszelf. Als je een erg sterk geladen reactie hebt rond iets, kan je er zeker van zijn dat dit een probleem is waar je nader naar moet kijken. De wereld rond ons werkt als een spiegel om ons te tonen waar we aan moeten werken voor onze eigen persoonlijke groei. De sterktes en zwaktes die we opmerken in de mensen rond ons zijn hoogstwaarschijnlijk trekjes die we zelf bezitten, maar nog niet hebben erkend. Dit spiegel-mechanisme is onze manier om de aandacht te trekken en ervoor te zorgen dat we naar onszelf kijken. Dus, als je een reactie hebt op wat iemand zegt, of doet, stel jezelf dan eens de vraag, "Wat probeer je me te tonen?" "Wat wil je dat ik ontdek?"

Neem een nadere kijk om het mooie van deze reactie in te zien. Het is makkelijk om bang te zijn van onze emoties, vaak gaat dit gepaard met een grote lading energie. Doorgaans lijkt het wel alsof ze een oncontroleerbare kracht binnenin zijn. De emoties die ons het meeste kunnen bijbrengen zijn kwaadheid, haat, angst, jaloersheid, walging, ongeduld, schaamte, trots, medelijden, verontwaardigdheid, benijding, zorgelijkheid en schuld. Deze worden vaak gezien als negatieve emoties, ik vind dat men ze zo minder constructief doet lijken. Daarom geef ik er de voorkeur aan ze de "leerzame emoties" te noemen. Ze leren osn zoveel over onszelf als we de moeite nemen ernaar te kijken. Nu ik de voorgaande opsomming van emoties bekijk, valt het me op dat alle emoties hun basis vinden in angst. Men kan dus veilig stellen dat angst aan de basis ligt van alle leerzame emoties.

Men heeft gezegd dat angst de sterkste emotie is die een mens kan voelen. Angst kan verlammend en destructief werken als we zo bang zijn dat we niet naar onze eigen angst durven kijken. Even herhalen: We zijn bang om te kijken naar angst. Ironisch, of niet?

Angst stemt voort uit een gebrek aan vertrouwen: in onszelf, in degenen rond ons en in de wereld. Misschien is de les die we onszelf proberen leren wel dat we moeten vertrouwen. Vertrouw het universum, maar bovenal, vertrouw jezelf. We hebben de beste indicators voor onze boodschappen en groei binnenin onze kern. Het is een kwestie van je erop instellen, ernaar luisteren en niet bang zijn om de emoties te ervaren en de boodschap te zien die geleverd wordt.

Men vertelde mij dat het belangrijk is voor ons om angst te herkennen. Het heeft vele vermommingen en is niet altijd overduidelijk te duiden. Het wordt op enorm veel manieren gebruikt in onze realiteit. Deze realiteit is de enige waar angst huist. "Ze" hebben gezegd, "Angst is niet echt. Angst is een illusie. Angst is er enkel voor entertainment doeleinden. Het enige echte ding is LIEFDE".

Er werd tijdens sessies regelmatig aan Dolores Cannone verteld gedurende de sessies dat emoties de hoofdreden zijn voor onze incarnatie in fysieke lichamen. Als we in onze geestvorm zijn, tussen levens in, hebben we toeging tot, en zijn we, ten volle bewust van alle wonderlijke niveaus en leermateriaal die beschikbaar is op de spirit planes en andere dimensies. Ze vroeg waarom we uberhaupt aan incarnatie deden als we in staat zijn om alle informatie te vergaren aan die andere zijde. Het antwoord volgde dat leren altijd anders is in de praktijk dan in theorie. Je bent in staat veel sneller, en veel meer te leren eens je de emoties kan toepassen. Die lessen worden dan gegraveerd in je wezenlijke zijn, in tegenstelling tot enkel je herinneringsniveau. Deze emoties zijn enkel beschikbaar op dit niveau. We kunnen deze intensieve training nergens anders verkrijgen.

Zoals ik zei aan het begin van dit hoofdstuk, zijn emoties indicators die ons tonen waar we ons bevinden op de groeiladder aangaande bepaalde problemen. We kunnen deze emoties daarom dankbaar zijn, aangezien ze onze gids vormen doorheen dit leven, en algemene groei. Dit emotionele gidssysteem bevindt zich in onze solar plexus en laat ons toe een impact te voelen bij onze keuzes. We

KIEZEN hoe we reageren op dingen. Tot nu reageerden we onbewust op dingen. Naarmate we meer bewuste wezen worden, zijn we ons bewust van die keuzes, van hun impact, en onze reacties op deze keuzes. Dit is een veel meer gebalanceerde plaats om vanuit te fungeren, onze objectiviteit wordt verhoogd.

Begrijp alsjeblief wel dat er geen juiste of verkeerde emotie is, net zoals er geen juiste of verkeerde manier is om om te gaan met een emotie. Ik denk dat dat is waar velen onder ons zichzelf laten afzwakken en zodoende in situaties belanden waar ze zich liever niet in zouden bevinden. We denken dat we ons op een bepaalde manier zouden moeten voelen, of gedragen, en als dat niet het geval is, dat we in nood zijn van reparatie. Er is iets mis met ons; Emoties is wat ons doet verschillen met eender welk ander levend wezen in deze kosmos. We kozen ervoor hier en nu te zijn, om zo een versnelde groei te bewerkstelligen. Toen we de opdracht, of het spel, Aarde, aangingen, kwamen we hierheen om emoties te leren en hun limieten. Emoties zijn de beste manier voor ons om te weten hoe we ervoor staan.

Eerst en vooral, wil ik je vertellen dat het ok is om de emoties te voelen die je voelt. Hoe ga je anders weten wat je jezelf probeert te tonen? Als je jezelf niet toestaat de ervaring te leven? Ik vermoed dat we te vaak hebben geleerd dat er iets mis is als we ook maar iets voelen. Dus dan moeten we onszelf verdoven, teneinde minder of zelfs niks meer te voelen. Op deze manier vormen we een bende robots die zonder iets te voelen door het leven gaan, wat neerkomt op niet echt leven. Het andere eind van het spectrum is een wereld vol mensen die zich voeden op elkaars emoties en dat laten escaleren om dan weer te bouwen op de energie daarvan. Dit zorgt voor een wereld vol drama, die zichzelf telkens herhaalt. Geen van beide extremen zal een hulp wezen. Ik vind dat het belangrijk is emoties te zien als het hulpmiddel dat ze zijn ermee te werken.

De volgende stap is de emotie erkennen. Dat is het verschil tussen jij die een emotie hebt, en een emotie die jou heeft. Ik vermoed dat we wat achter de emotie ligt, uit angst niet willen aankaarten. Dus duwen we emotie weg en hopen dat het zo wel overgaat. We zijn vergeten dat dit een van onze beste manieren is om met onszelf te communiceren en onze eigen gids te zijn. Door een van deze acties te doen, maken we ruimte voor de emotie om zich op een andere manier uit te drukken. Vaak is dit niet de mooiste manier… Dat is waarom ze zo oncontroleerbaar en onhoudbaar aanvoelen.

Zoals bij eender welk leermiddel, moet je ernaar kijken en uitzoeken wat de boodschap is. Men heeft mij vaak gevraagd hoe we dan naar angst moeten kijken. Toen mij deze vraag werd gesteld, gebeurde er iets interessants. Ik zag een klein wezen verschijnen voor me, ongeveer een meter groot, en het stelde de emotie angst voor. Het had een vorm, ogen en al de andere dingen zodat ik het kon zien, zonder angst, en er vragen aan kon stellen. Nu kon ik het aankijken en het vragen wat het me probeerde te tonen. "Wat probeer je me te leren?" "Wat wil je dat ik weet?" Een van de interessante aspecten eraan was dat het wezen kleiner was dan ikzelf, ik zag het niet als een groot, angstaanjagend monster, wat ik eerst wel dacht dat het was. Eenmaal ik in staat was het te zien en ermee te praten, ging het in lucht op. Ik vermoed dat dat is wat men bedoelt als men zich dat je de koe bij de horens moet vatten. Het is omdat we er zelfs niet naar durven kijken dat het verandert in een groot eng monster. Toen het verdween, kon ik zien wat erachter lag en wat ik probeerde te leren. Ik stel dit nu vanuit een meer objectief standpunt, dus ik kan er nu mee werken op een constructieve wijze zonder dat de emotie van angst eraan vasthangt.

HOOFDSTUK 6

KANKER

Enkel al het vernoemen van het woord kanker raakt een angstige snaar bij de meeste mensen. Voor de meesten voelt het horen van deze diagnose aan als het krijgen van een doodsvonnis. Ze gaan zich dan ook voornemen alles te doen om deze ziekte te bevechten. Omdat deze diagnose vaak stamt uit ook een plek waar angst heerst, bewapent de ontvanger zich met elk stuk ammunitie dat beschikbaar is om van deze verschrikkelijke aanvaller af te komen. Het lijkt wel een smeriger indringer die moet worden omgelegd, koste wat kost. Vaak is die kost het lichaam waar het zich in heeft gehuisvest.

Ik herinner me een stelling, ooit gemaakt door Moeder Teresa, waarbij het erop neerkwam dat ze zei dat ze nooit met een project zou werken dat iets aan het "bevechten" was, bvb "armoedebestrijding" of "hongerbestrijding". Simpelweg omdat je, als je met iets aan het vechten bent, je er energie aan geeft, omdat je er je focus op legt. Het is een standaard gezegde in de wereld der creatie: "focus op wat je wil, niet op wat je niet wil". Als je in een situatie begint met een uitgangspunt dat je iets moet bestrijden, of vermoorden, ga je waarschijnlijk meer creëren van datgene dat je wil vermijden. Gedachten zijn "dingen" die op hun beurt dingen kunnen creëren. Dus het zou iets productiever wezen en voordeliger, om te denken aan wat je wil in termen van "overvloed" en "gezonde relaties", of "een lichaam dat compleet in balans is en compleet in harmonie."

Kanker vertelt ons over een situatie die al een hele langer tijd aan de gang is. Kanker is een van de "laatste optie" boodschappen.

Als alle andere pogingen om deze boodschappen te leveren gefaald zijn, moeten er meer doortastende maatregelen worden genomen om onze aandacht te trekken. Je kent misschien wel een of meerdere personen die hun leven drastisch veranderd hebben na het verkrijgen van zo een diagnose. Dat was waarschijnlijk een groot deel van de boodschap – stilstaan en alles wat je bent en doet opnieuw in oogschouw nemen. Het dwingt mensen om naar binnen te keren, misschien voor het eerst in hun leven. Hoorden we niet al uit den treure dat dit is waar alle antwoorden liggen? Aangezien we vrij koppig kunnen wezen, is dit soms de enige manier om ons lang genoeg stil te laten staan en te kijken naar onszelf. Ik heb al meerdere malen gesteld dat je hierin geen slachtoffer bent. Dit wordt je niet aangedaan buiten je wil om. Dit is iets dat je zelf hebt ingesteld voor mocht je te ver beginnen afwijken en hulp nodig had om weer op het juiste pad te komen. Dus het eerste dat je moet doen is de kanker bekijken als de boodschap die je jezelf stuurt en niet een of andere aanvaller die je leven probeert in te palmen, te vernietigen. Je bent bewust genoeg om het te zien voor wat het is: een liefdevolle boodschap die je moet horen.

Door middel van het werk van Dolores, kwamen we tot de conclusie dat kanker huist in onopgeloste en hard onderdrukte kwaadheid. Kwaadheid over iets dat zich al zolang daar heeft vastgehouden, zonder enige vorm van uiting, dat het nu een ziekte is geworden die moet geadresseerd worden. Het deel van het lichaam waarin de kanker zich bevindt zal je vertellen waarover de persoon precies kwaad is. Bijvoorbeeld: Borstkanker kan zijn wortels vinden in kwaadheid rond een gebrek aan borstvoeding, longkanker kan kwaadheid zijn naar het leven toe, of kwaadheid aangaande een gebrek om te leven. Darmkanker kan zich linken aan situatie waarin men zich niet kon uiten of erover praten. Tijdens een van de sessies van Dolores, was er een man met kanker die doorheen zijn hele lichaam reisde. Als het op een zekere locatie verdween, kwam het elders weer boven. Toen Dolores hem vroeg of hij ergens kwaad om was, riep hij: "Ja! Ik haat mijn vrouw! Zij heeft de kinderen en ze wil niet dat ik ze zie." In gevallen zoals deze, zal de kanker zich verplaatsen tot je tot de bron van de woede of kwaadheid raakt. De kanker op zich verwijderen en de chirurgische behandelingen volgen zal niet helpen als je de kwaadheid die aan de basis ligt niet aanpakt.

Het eerste wat je te doen staat is het identificeren van de oorzaak van je woede, en begrijpen waarom je boos bent. Dan MOET je het laten gaan. Je had een verschrikkelijke jeugd/ouder/echtgenoot, en dan? Laat het gaan! Je creëerde die situatie om eruit te leren en dingen te ervaren. Kijk ernaar, met alle emotionele lading ervan verwijderd en zie wat het je moest leren. Het kan ook een karma gerelateerde schuld zijn die werd ingelost. Wat ook de reden was, het is nu tijd om het te laten gaan. Eens een les geleerd is, of een gebeurtenis ervaren, moeten we het laten gaan terwijl we verder gaan naar het volgende. Het is niet de bedoeling dat ze worden rondgedragen als excessieve bagage waardoor het moeilijk wordt om luchtig te bewegen.

Nu je de oorzaak van je woede hebt gelokaliseerd, is het makkelijkste dat je kan doen om je ervan te bevrijden, vergiffenis schenken. Vergeef alle betrokkenen, en laat ze gaan. Dit is makkelijker gezegd dan gedaan, dat weet ik, maar het is absoluut essentieel voor het genezingsproces. In het voorbeeld hierboven, toen Dolores aan de man vertelde dat hij zijn vrouw moest vergeven zodat hij de kanker kon loslaten, was de respons, "Ik kan haar niet vergeven, je weet niet wat ze deed!" Als ik haar vergeef, wint ze." Dolores haar repliek volgde: "Ze wint ook als ze je doodt."

Op een bepaald ogenblik moet je inzien dat dit niet gaat over winnen of verliezen. Het gaat over leren en ervaren en laten gaan en verdergaan. We raken veel te gehecht aan deze 3d wereld en het erbij horende drama.

Toen we in dit leven kwamen, maakten we contracten op met alle persoonlijkheden waarmee we ons zouden inlaten zodat we de verschillende ervaringen en lessen konden hebben. Sommige van deze contracten draaien rond karma, wat betekent dat je bezig bent met het inlossen van een schuld, om een betere balans te verkrijgen. Andere contracten bestaan er bijvoorbeeld uit dat je andere zielen helpt door te komen in de vorm van je kinderen, of dat je aan een speciaal werkt tijdens je leven hier. Het kan soms ook gewoon simpelweg aanwezig zijn op het juiste moment om iemand bemoedigende woorden toe te spreken of een luisterend oor te bieden.

Sommige contracten lopen over een langere tijdsperiode, zo zijn er die met onze ouders/kinderen/echtgenoten. Andere zijn dan weer eerder van kortere duur, zoals het geval is bij een one-night-stand waaruit een kind voortkomt, of een vriendschap. Vaak is het contract met een persoon afgerond en blijven we in de situatie, denkende dat dat nu eenmaal de bedoeling, of nog erger, een verplichting is. Er waren meerdere QHHT-sessies waarin het OB stelde dat het contract al een hele tijd afgerond was. Dat is dan ook waarom de relatie huidig ongezond aanvoelt. Het was meer dan tijd voor de persoon om verder te gaan naar de verdere fases van hun reizen. In andere sessies merkte je een patroon van proberen, en nog eens proberen, doorheen verschillende levens. Dit allemaal om relaties in evenwicht te brengen, maar het werkte gewoonweg niet. De betrokken partijen bleven een gedragspatroon aanhouden dat niks verhielp of oploste.

Als je het gevoel hebt dat je je op dit punt bevindt met iemand, is er een simpele methode om jezelf te verlossen van het contract. Dolores heeft dit meegegeven in vele van haar lezingen en het had altijd een diepgaand effect. Op een mentaal niveau, kan je je inbeelden dat je bij deze persoon bent en dat je het contract in je handen houdt. Dit is te moeilijk om lijfelijk met de persoon te doen, niet in het minst omdat de persoon soms overleden is of zich niet bevindt waar je er vrijelijk mee kan converseren. Aan deze persoon vertel je dan het volgende: “We hebben het geprobeerd, we hebben het écht geprobeerd.” Beeld je dan in dat je het contract verscheurd terwijl je zegt: “Ik vergeef je. Ik verlos je. Ik laat je gaan.” Terwijl je het gevisualiseerde contract naar de grond ziet dwarrelen zeg je, “Ga jouw weg, met liefde. Ik ga mijn weg. We hoeven niet langer geconnecteerd te zijn.” Je zal een golf van opluchting voelen terwijl je hart wordt opgelucht. Je moet het menen als je wil dat dit effectief ook gebeurd. Naargelang het moeilijker wordt voor deze persoon om je te ergeren of op een andere manier te raken, zal je je vrijer voelen.

Als we spreken over kanker, komt het erop aan de situaties en alles personen die betrokken waren te vergeven. Dit zijn dus alle mensen waar je kwaad op bent. Het proces lijkt erg simpel, maar daarom niet makkelijk. Zoals je kon lezen in de laatste alinea, moet je je mentaal in een mind-set bevinden waarin je klaar bent om alle kleine stukjes en fragmenten hiervan los te laten. Je moet menen wat je zegt als je wil dat het effect heeft. Als je wil loslaten en verdergaan, MOET je iedereen vergeven die erbij betrokken was. Er is een fantastisch ritueel van een vriend dat ik graag wil lenen. Blair Styra uit Nieuw-Zeeland geeft het volgende mee als ochtendritueel om je dag mee te starten:

"Ik vergeef iedereen die me gekwetst hebben in mijn leven, in een ander leven, op eender welke manier.

Ik vraag vergiffenis aan al diegenen die ik heb gekwetst in dit leven, in een ander leven, op eender welke manier.

Ik vergeef mezelf voor de rol die ik speelde en vergissingen in dit leven, in een ander leven, op eender welke manier."

Dit is een fantastische manier om al je problemen van al je levens aan te pakken! De laatste zin is waarschijnlijk de belangrijkste – jezelf vergeven. Dit is vaak de moeilijkste stap. Vergeet niet, je zorgde voor deze situatie zodat je ervan kon leren door de ervaring. Probeer een objectieve plek te vinden waaruit alle emoties verwijderd zijn. Kijk naar wat je jezelf wou leren of wat je wou ervaren. Op dit punt kan je het een "volbrachte missie" beschouwen, het laten gaan en verder gaan naar het volgende. Elke ervaring kan meer of minder uitdaging bevatten, het zal alvast een andere zijn.

Er zijn er velen die stellen dat de tijd die ze met kanker doorbrachten, een zuiverende periode was. Denkende dat ze stervende waren, begonnen ze vele zaken los te laten die jaren binnenin hadden gewoekerd. Het was doorgaans ook de eerste keer dat ze werkelijk binnenin keken en hun gevoelens analyseerden aangaande verschillende situaties. Het werd een soort zielsloutering, omdat ze er middenin zaten en toestonden dat hun emoties naar de voorgrond traden. Eens dit allemaal volbracht en uitgevoerd is, zal de persoon in kwestie zonder twijfel in remissie gaan. Snap je waarom? Ze hebben zichzelf gezuiverd van alle rotzooi binnenin. Het lichaam hoeft hier niet langer rekening mee te houden. Alle krediet wordt toegekend aan de stralingstherapie of medicatie, maar het is de persoon zelf, die naar binnen keerde en zijn/haar emoties, die de eigenlijk genezing tot stand brachten.

Nu ben ik hier niet om de medische gemeenschap door het slijk te halen (ik was zelf een gediplomeerde verpleger). De medische wetenschap en bijhorende medicijnen spelen een belangrijke rol bij het aanpakken van onze meest dringende kwaal. Zo krijgen we dan de ruimte om de onderliggende problemen aan te kaarten. Het is erg belangrijk dat we onze macht teruggrijpen als het aankomt op onze eigen genezing. We zijn de creators van onze eigen ziektes, dus we zijn ook verantwoordelijk voor de creatie van onze gezondheid!

Zolang we onszelf overgeven aan andere om hersteld te worden, zullen we altijd in een slachtofferrol blijven. Dat is waarschijnlijk de betekenis van sommige van de boodschappen die ons worden geleverd. “Neem het terug.” “Sta op je eigen benen!” “Dit is jouw lichaam en jouw leven – niemand kent het zo goed als jou!” “Niemand zal in staat zijn het zo goed te herstellen als jijzelf.” We moeten beseffen dat WIJ de kracht hebben om te creëren wat me maar willen en dat we wel degelijk complete gezondheid en overvloed kunnen oproepen.

Soms krijgt dit de vorm van geleid worden naar de beste beroepskundige die ons kan helpen ONSZELF te helpen. Zoals ik stelde aan het begin van dit boek, is het punt dat “zij” bekrachtigd willen zien is dat je moet deelnemen aan het proces. Volgens mij betekent dit dat je moet deelnemen. Genezen is niet iets dat je wordt aangedaan, het wordt met je gedaan. Er zijn vele manieren om deel te nemen, dit wordt verder uitgebreid behandeld in hoofdstuk 21.

Er waren tal van QHHT gevallen waarin de persoon naar Dolores kwam met een geval van kanker. Nadat ze de stappen met de cliënt had doorlopen, bracht het OB genezend, wit licht naar binnen via de kruinchakra. Op deze manier werd de tumor als het ware opgelost. Wat overbleef kwam zonder verdere problemen uit het systeem (lichaam). Soms werd de cliënt verzocht een dieet van groenten of fruit te volgen voor een bepaalde tijd. Dit was om het lichaam te helpen bij het terugkeren naar een natuurlijke, gezonde staat.

SECTIE:

Lichaamsdeel Boodschappen

Zoals hiervoor al vermeld werd, brengt de ziel (hogere ik – echte jij) je boodschappen via deze prachtige postman – je lichaam. Omdat het universum simpel is, en dus niet ingewikkeld zal je merken dat dit deel van jezelf dingen heel letterlijk aanpakt als het op deze manier met je communiceert. Verschillende delen van het lichaam hebben een verschillende betekenis. Sommige auteurs hebben deze interpretatie diepgaand uitgespit, ik vind dit niet nodig. "Zij" bevestigden ook dat het belangrijkste dat ik jullie kan leren, het proces is. Als ik erin slaag het op zo'n manier over te brengen, zal je dit boek beginnen zien als een bron, meer dan als een handleiding om je stap voor stap uit te leggen hoe je deelneemt aan dit proces. Een reseach book wordt geraadpleegd wanneer het nodig is. Het is iets dat zich "buiten jezelf" bevindt. "Ze" vertelden me keer op keer dat het belangrijkste in het proces is dat je naar binnen toe keert en je eigen genezing veroorzaakt. Dit doe je door deel te nemen aan de communicatie. Als je de boodschappen begrijpt en internaliseert en zo naar de bron van de situatie raakt, ben je halfweg.

Ik zal de lichaamsdelen opsommen binnenin de verschillende systemen en een algemene representaties en betekenis van die delen. Het gaat doorgaans niet over een heel systeem, doorgaans gaat het over een specifiek lichaamsdeel binnenin een systeem. Als ik enkel het systeem behandel, zouden andere zaken niet aan bod komen. Er zijn enkele systemen die, als geheel, een boodschap kunnen overbrengen, deze zal ik later vernoemen. Bij elk lichaamsdeel zal ik enkele voorbeelden geven van kwalen die veel voorkomen. Je zal dan merken hoe letterlijk dit gidssysteem is, wat op zijn beurt weer zal helpen bij het begrijpen van je eigen lichaam en diens berichtgeving. Om het begrip hierrond nog verder uit te breiden, zal ik voorbeelden geven uit levenssituaties of hypnosesessies die Dolores heeft uitgevoerd. Het kan zijn dat er een uitzondering op de regel voorkomt. Dan volgen de boodschappen niet de verwachte piste. Hiervan zal ik ook enkele voorbeelden meegeven dat duidelijk wordt hoe het mechanisme werkt. Vergeet niet, dit boek is geen encyclopedie met alle antwoorden bij de hand. Het is een boek dat je zal leren hoe je je eigen hogere ik kan begrijpen als die met je spreekt via je lichaam en hoe deze boodschappen te interpreteren.

Het wordt nu vast duidelijk dat het OB of Hogere Ik met zichzelf communiceert via het lichaam en dit aan de hand van symptomen. De diagnose is slechts een label. De geneesheer plaatste dit label op een set van symptomen. Dit heeft niks te maken met de boodschap die wordt overgebracht. Daarvoor moet je tussen de regels door lezen.

Met uitzondering van de organen zal de linkerhelft en de rechterhelft van je lichaam een ander deel van de boodschap zijn. Als er iets ontwikkeld in de rechterzijde van je lichaam, is het een aanwijzing dat het iets is dat “nu” gaande is. Dat betekent hier en nu, op het moment dat je het voelt. De linkerzijde is een indicator van het verleden. In die leven, of een ander leven. Om een voorbeeld te geven, stel dat je last ondervindt van je rechterbeen. Dan is de boodschap grosso modo dat er op dat moment iets is dat je weerhoudt van in een nieuwe richting te gaan. Al het het linkerbeen is, zal dat is zijn uit het verleden (iets dat je werd verteld of iets dat je hebt gedaan) dat je weerhoudt van verdere ontwikkeling.

HOOFDSTUK 7

DE BLOEDSOMLOOP

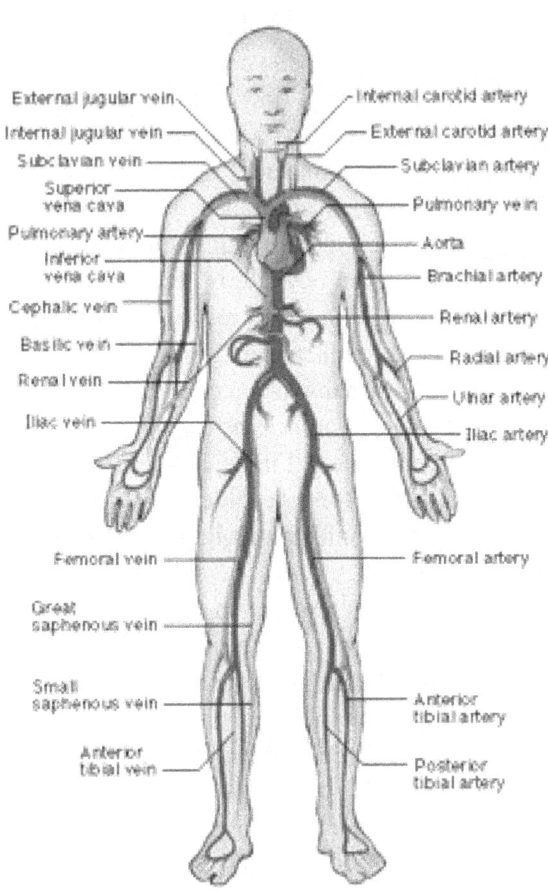
External jugular vein
Internal jugular vein
Subclavian vein
Superior vena cava
Pulmonary artery
Inferior vena cava
Cephalic vein
Basilic vein
Renal vein
Iliac vein
Femoral vein
Great saphenous vein
Small saphenous vein
Anterior tibial vein
Internal carotid artery
External carotid artery
Subclavian artery
Pulmonary vein
Aorta
Brachial artery
Renal artery
Radial artery
Ulnar artery
Iliac artery
Femoral artery
Anterior tibial artery
Posterior tibial artery

Het bloedvatenstelsel heeft als doel zuurstof en voedingsstoffen door het lichaam te pompen. Dit gebeurt via het hart, bloed en bloedvaten.

Het menselijke hart is een spierorgaan dat de bloedcirculatie voorziet en is een van de meest vitale organen in het menselijke lichaam.

Bloed is een specifieke lichamelijke vloeistof in dieren dat de nodige voedingsstoffen en zuurstof levert naar de cellen. Het transporteert ook metabolische afvalstoffen weg uit diezelfde cellen.

Circulatie = beweging. De flow van het leven. Beweging in een richting, in de flow van je leven. Iemands leven gaat in de gewenste richting van die persoon. Een onregelmatigheid in het bloed is een aanwijzing dat er een probleem is met de levenskracht.

Als er blokkades of problemen voorkomen in dit stelsel, duidt dit aan dat er problemen zijn met je flow of life of de richting waarin je leven gaat. Het deel van het lichaam waar de blokkade zich bevindt, kan aanduiden waar de blokkade zich bevindt in je leven. Bijvoorbeeld, als het voorkomt in je benen (knieën, enkels, voeten) ben je niet bezig met fysiek in de richting te gaan die je wil. Als het zich ter hoogte van de armen bevindt, is het misschien zo dat je iets moet loslaten vooraleer je in staat zal zijn verder te gaan in de gewenste richting. Als we spreken over de nek, kan het zijn dat je meer rond je moet kijken voor de aanwijzingen die je zoekt, misschien zelfs achter je. Zit het ter hoogte van het hart en slagaderen, dan blokkeer je de liefde die je eigenlijk zoekt. Liefde voor jezelf. Als je deze liefde blokkeert, blokkeert je je meest gewilde weg. Een blokkade in het brein kan duiden op een probleem met intuïtie. Misschien wil je niet volgen wat je hoort, of ziet.

Blokkades binnenin dit stelsel geven aan dat de situatie al een tijd aan de gang is. Er waren waarschijnlijk vele andere berichten die werden genegeerd of verkeerd geïnterpreteerd. Ik zeg dat omdat dit een centraal stelsel is, en het lichaam stuurt boodschappen vanaf de buitenrand naar de kern toe. Dit hoe het lichaam algemeen gesproken werkt. Het beschermt altijd de kernorganen zonder welke het niet kan overleven. Het zal eender wat doen om het hart, brein nieren etc te beschermen. Als er iets schadelijks gebeurt met een van deze organen, kan het lichaam sterven. Het systeem van de berichten die worden gestuurd werkt op dezelfde manier. Dit zijn de "laatste kans" systemen. Het leven van de persoon wordt aangekaart, dus het wordt enorm belangrijk dat je de boodschap snapt.

Je zal waarschijnlijk merken dat andere stelsels hierdoor ook beïnvloed worden omdat dit al een hele tijd gaande is. Deze andere stelsels zullen helpen bij het duidelijk maken van wat je jezelf wil vertellen.

Vochtophoping (water retentie) – vocht zijn emoties – een opeenstapeling van emoties – ze er niet uit laten. Je laat toe dat ze je verzwaren. Als de ophoping zich ter hoogte van de voeten en enkels bevindt, is dit een aanwijzing dat je niet in de gewenste richting gaat omdat je vasthoudt aan bepaalde emoties. Deze emoties maken je onbuigzaam bij het inschatten van de situatie. Zo ben je niet in staat om ermee om te gaan. Als het vocht zich ter hoogte van het hart bevindt, is het een nog sterkere boodschap dat je emoties niet aan het uiten bent. Eender welk probleem met het hart is een aanwijzing naar een gebrek aan levensvreugde en/of liefde.

Bloedarmoede – een gevoel van zwakte, zijn/haar eigen waarde niet (h)erkennen.

Hartaanval – het hart is de troon van de emoties. Problemen met het liefdesleven. Zich onderdrukt voelen door verantwoordelijkheidszin. Willen vluchten, ontsnappen. Dit kan beschouwd worden als een acceptabele manier om te ontsnappen aan een ongewilde situatie. (bvb een job).

Leukemie – In een demonstratie voor een van de QHHT-lessen, werd deze ziekte uitgelegd als een acceptabele manier om zelfmoord te plegen, een manier voor het lichaam om op te houden met bestaan.

AIDS – grote schaamte voelen en/of grote schuld, oneer, oordeel. Tijdens een QHHT-demonstratie werd gesteld dat AIDS iets was dat werd opgenomen door geavanceerde zielen om via deze weg te planeet iets te leren over oordelen. Je kan hierover meer vinden in het boek “The convoluted Universe – Book Four”, geschreven door Dolores Cannon.

Beroerte – Beroertes gebeuren omwille van klonters of een gebrek aan zuurstofcirculatie naar het brein. Wat or waar het in het brein gebeurde is niet zo belangrijk als waar en hoe de symptomen zich manifesteerden voor het begrijpen van de boodschappen.

HOOFDSTUK 8

Het spijverteringsstelsel

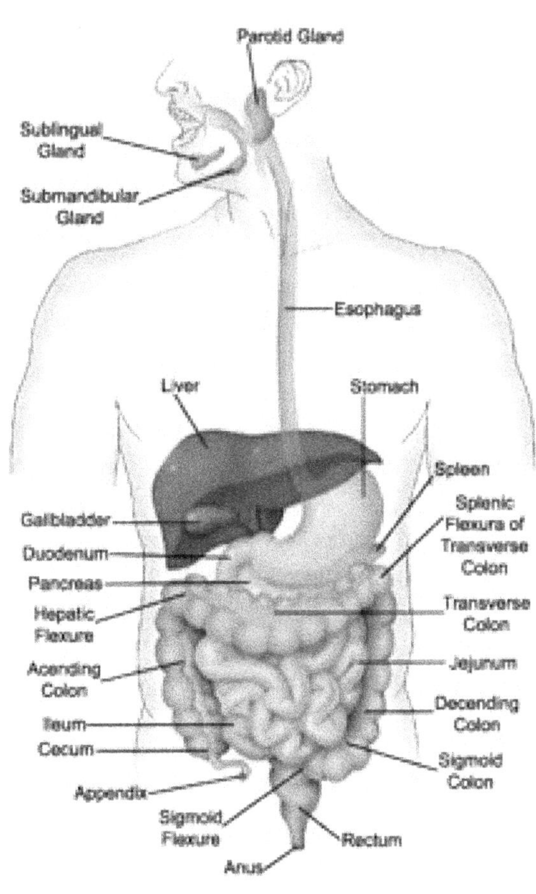

Het spijsverteringsstelsel in zijn geheel wordt gebruikt om voedsel te verteren, het af te breken tot voedingsstoffen die het lichaam kan gebruiken als brandstof, herstel en onderhoud dat nodig is om het lichaam in leven te houden.

Bij dit deel wordt het belangrijk om naar de lichaamsdelen te kijken in plaats van het stelsel als geheel. De chakras spelen een grote rol bij de interpretatie, dus haal gerust die sectie erbij indien je dat nodig hebt.

Mond/Keel:

Als het met de keel, mond, tanden of kaken te maken heeft, is het vaak dezelfde kernboodschap. Als de regio van de keel een probleem vormt, is er iets belangrijks dat je moet zeggen. Je spreekt je waarheid niet. Je moet voor jezelf opkomen. Het kan iets zijn waarover je erg kwaad bent maar je durft er niks over zeggen. Dat is net wat je wel moet doen. Dat is het ding dat je lichaam je vertelt dat je moet doen. Hou op me jezelf tegen te houden! Enkele van de redenen die mensen aanvoeren zijn: angst om afgewezen te worden, bekritiseerd te worden, niet begrepen te worden of belachelijk gemaakt te worden. Of ze voelen zich alsof ze niet belangrijk genoeg zijn om iets te zeggen. Dit zijn allemaal begrijpelijke motieven om je mond te houden, maar je lichaam vertelt je iets anders, open je mond en spreek je waarheid! Je bent wel belangrijk en hebt wel iets te zeggen!

Zere Keel – Er zijn boze woorden die gezegd moeten worden, maar je houdt je in en dat irriteert de keel.

Keelontsteking – Je moet voor jezelf opkomen in een bepaalde situatie. Er is iets dat moet gezegd worden. Het kan zijn dat je niet het gevoel hebt dat je zeggenschap hebt in een bepaalde situatie.

Ontsteking Amandelen – Als iets ontstoken is, is het boos. Bij ontstoken amandelen sluit je keel soms bijna af omdat het zodanig gezwollen is. Het kan moeilijk zijn om te slikken. Wat wil je niet zeggen? Wat probeer je in te houden? Je trots?

Vergeef jezelf voor de rol die je speelde in de situatie. Het wordt tijd dit een plek te geven. Het is al te lang gaande. Grofweg betekent een ontsteking dat er is iets dat je binnen houdt, niet zegt of niet voor jezelf opkomt.

Tandslijtage – Dit betekent letterlijk dat er iets 'rot in je mond'. Onwaarheden vertellen, of je bent niet compatibel met wat je zegt.

Schildklier problemen – Je keel knijpt dicht om binnen te houden wat het wil zeggen. Dit is een situatie die al een tijd gaande is.

Merk op hoe al deze zaken een link hebben met niet spreken. Het gaat ofwel om niet opkomen voor jezelf of een situatie of iets dergelijks. Er moet iets gezegd worden en je zegt het niet. De ernst, gradatie en frequentie hiervan geeft je een indicatie rond de periode dat dit al voorkomt. Een keelontsteking duurt bijvoorbeeld minder lang dan chronische ontsteking van de schildklier. Volgens de medische wereld zijn bepaalde diagnoses levenslang en kan enkel medicatie of een operatie soelaas brengen.

Maag:

De simpelste boodschap als het gaan over de buik die wordt belast, is dat er iets op je maag ligt. Er strijkt iets enorm tegen je haren in en je hebt niet het gevoel dat je er iets over kan zeggen. Dus hou je je emoties in, en deze worden dan vastgehouden in je "maag". Dit is het gebied van de vertering, kan het ook gezien worden als de "vertering" van je gedachten, woorden of acties vooraleer je ze overdraagt in beweging/actie. Net zoals voedsel rot als het te lang in de maag zit, zo gaat het ook met deze zaken die moeten worden volbracht. Ze worden in stagnatie/stilstaand gehouden, gaan rotten en worden zo een zeer ongezonde factor in je leven.

Een mooi voorbeeld hiervan is een maagzweer. Dit is waar de vraag, "Wat vreet jou op?" perfect van toepassing is. In het geval van een (maag)zweer, gaat het vaak gepaard met woede. Als men toestaat dat dit zich verder ontwikkelt zonder het uiten van de emoties, kan dit uitmonden in kanker. Zoals hiervoor al werd uitgelegd, wordt kanker veroorzaakt door kwaadheid. Als de persoon in kwestie kon praten over wat hun dwarszit, was er geen probleem. Maar dat is voor hun niet het geval.

Gewichtsproblemen zijn een pandemie in dit land, en niet enkel hier. We worden opgeslorpt door hoe we er lichamelijk uitzien. Zoals ik hiervoor al stelde, is het lichaam een reflectie van je gedachten of attitudes en stuurt het je boodschappen, dus wat zouden de boodschappen zijn als het gaat over gewicht?

Er zijn al vele boodschappen die worden toegeschreven aan overgewicht. Overgewicht is doorgaans een bescherming waar we achter schuilen. Een extra laag, om niet gekwetst te raken. We worden allemaal gekwetst op verschillende tijdstippen en op verschillende manieren. Je "ik" zeg, "Dat was te pijnlijk, dat doe ik nooit meer." Dus gaat het over tot actie, om te voorkomen dat dat ooit nog gebeurt. Als we onszelf onaantrekkelijk maken, zullen we niet meer in een relatie tuimelen, of een situatie waarin we kwetsbaar zijn. Dit is een prachtige manier om onszelf te verstoppen zodat we niet meer zo kwetsbaar zijn voor aanvallen of ongewilde aandacht. Dit is een van de meest gebruikelijke redenen voor het zoeken naar comfort in voedsel.

Andere redenen voor overgewicht kunnen zijn dat je zelf uitgehongerd was, of anderen hebt laten verhongeren in een ander leven. Het lichaam draagt residu over van hoe het stierf in een ander leven. Als je in een ander leven verhongerde, zal het lichaam dit onthouden en dit in dit leven willen voorkomen. Omdat de ziel van lichaam naar lichaam gaat, is het er zich niet van bewust dat dit een ander leven is, en er hier geen kans is op verhongeren. Om dit te verhelpen, praat je best met dat deel van jezelf om het te laten weten dat dat een ander leven was en dat er geen kans is op verhongeren in dit leven. Dit is makkelijk te bereiken met een QHHT sessie, als je in staat bent eentje te reserveren.

Tijdens een van die sessie met Dolores was er een persoon die zichzelf waarnam als de leider van een stam die er niet in geslaagd was zijn kennis over te dragen voor hij stierf. Bij het overgaan liet hij weten dat hij nooit verlost zou zijn van het gewicht van de verantwoordelijkheid van dat leven. Woorden zijn erg krachtig…

Ik het ondervonden dat anorexia of ernstig ondergewicht en daarbij horende boodschappen hun kern vinden in het feit dat je jezelf probeert te laten verdwijnen. Je wil geen ruimte innemen; je voelt je niet waardig genoeg om ruimte te durven innemen. Je probeert te vervagen. We zien hier opnieuw dat het gaat over beschermen, schuilen van iets. Je echte ik wil bescherming, op een manier. Als je verdwijnt, kan niemand je vinden en dus ook niet kwetsen. Mensen met deze problematiek, zijn zich doorgaans erg bewust van datgenen waartegen ze bescherming wensen. Een QHHT-sessie kan licht werpen op de oorzaak als die zich in een ander leven bevindt. Maar je kan ook op jezelf antwoorden vinden naargelang je deelneemt aan het proces, wat later nog verder wordt uitgelegd.

Het lichaam heeft tal van mechanismen klaarstaan om zichzelf te beschermen, koste wat kost. Een van de dingen dat het lichaam zal doen is vet opslaan zodat het daar schadelijke stoffen in kan opslaan. Als je een hoog aantal van deze toxische stoffen in je lichaam hebt, zal het lichaam niet toestaan dat vet te verliezen, omdat dit zo betekenen dat de toxische stoffen in je bloedsomloop terechtkomen, met alle gevolgen die eraan vasthangen... Dit zou zelfs je dood kunnen betekenen. Je lichaam houdt je in leven door je dik te houden. Als je dit gewicht wil laten gaan, zal je moeten vertrekken vanuit een punt van toestaan dat je lichaam eerst zelf de gifstoffen wegwerkt. In deze gevallen, zal je moeten uitzoeken waarom je ervoor koos "giftig" te wezen. Wat is de boodschap? Is er een giftige, schadelijke situatie gaande in je leven? Het kunnen de eigenlijke chemische stoffen in je voedsel of omgeving zijn. Het kan ook een relatie of situatie zijn die erg ongezond is. Enkel jij kan dat weten. De actie is hetzelfde voor beide gevallen – zorg voor jezelf door toxische elementen uit je leven te verwijderen.

Lever:

Binnenin in dit stelsel bevindt zich de lever, die filtert de giftige stoffen uit het lichaam om zo het lichaam gezond te houden. Als je problemen hebt met de lever, zijn er overduidelijk schadelijke elementen aanwezig in je leven. Je moet deze verwijderen zodat je gezond en productief kan wezen. Iets vergiftigt je leven en doorgaans weet je exact wat het is. Het is geen geheim. Het kan letterlijk vergiftigen aan de hand van chemicaliën betekenen, of figuurlijke vergiftiging door middel van levenssituaties. Het is iets waar je vanaf moet raken. Je lichaam zegt het je klaar en duidelijk!

Tijdens een van de sessies met Dolores, was het OB bezig met een lichaamsscan. Soms vraagt Dolores om dit te doen als er meerdere fysieke problemen zijn. Zo kan men te weten komen of er iets is waar men bezorgd om moet zijn. Tijdens dit proces, zo het op methodische wijze het lichaam afgaan van kop tot teen, en commentaar geven bij enigerlei problemen die het vindt. In deze sessie was er een probleem bij de lever. "De lever, te veel bewaarmiddelen."

D: In het lichaam? (Ja) Eet ze iets dat niet goed is?

OB: Coca-cola. Stop daar mee. Minder Coca-cola. Meer water. Ook geen voorgemaakt voedsel. Maak het van rauw voedsel. Geen bewaarmiddelen, verder groenten ... meer vers voedsel. Kook. Kook. Dan begon het OB met het herstellen van de lever.

Tijdens een andere sessie schreeuwde het OB luid dat de persoon moest stoppen met lichaam te vergiftigen met Tylenol. Ze had dit een aantal malen ingenomen in verschillende vormen, ter pijnbestrijding voor haar rug. Haar lever was aan het falen door deze "vergiftiging." Het OB gebruikte helend licht om het gehele systeem te herstellen, zo ook de lever. Het gaf dan de instructief om niet langer die giffen in het systeem te brengen.

Pancreas (alvleesklier):

De alvleesklier regelt het suikergehalte in het systeem, zo helpt het bij de spijsvertering. Het lichaam heeft immers een bepaald gehalte aan suiker (glucose) nodig om dagelijkse functies uit te voeren. Teveel, of te weinig, en het lichaam is in gevaar. Problemen in deze regio zijn een aanwijzing dat er een kink in de kabel zit rond de "zoetheid" in je leven. Niet dat dit wil zeggen dat je niet genoeg suiker eet. Het gaat meer over het niet voelen van de "suiker" van het leven, de zoetheid. Misschien voel je je niet geliefd, of heb je niet de indruk dat er voor je wordt gezorgd. Of de "vreugde" van je leven blijkt te ontbreken. Je hebt geen enthousiasme in wat je aan het doen bent. Er kan ook een gebrek aan liefde zijn. Dit wordt vertaald in een ziekteproces dat diabetes (suikerziekte) wordt genoemd.

Dunne en dikke darm

De darmen dragen de restproducten uit je lichaam nadat de gewenste voedingsstoffen eruit zijn gehaald en werden geabsorbeerd door het systeem. Problemen in dit deel van het systeem komen in de vorm van het niet loslaten van het afval (constipatie of blokkades van de darmen) of te hard proberen hiervan af te raken (diarree of geïrriteerde darmen). Beide van deze extremen zijn een teken van een systeem dat uit balans is. Dit zijn opnieuw gedachtes die je binnen houdt, en laat woekeren. Je laat ze niet doorgaan. Gevoelens en/of gedachten moeten worden uitgedrukt vooraleer je ze kan verwijderen als restafval uit je leven.

Enige andere uitscheidingsproblemen volgen deze gedachtegang. De ernst geeft een aanwijzing rond hoe lang dit probleem al aanhoudt. Iets met ontsteking zoals kolieken, geeft aan dat er kwaadheid aan de basis ligt. Kanker is de volgende stap, dit is dan onderdrukte kwaadheid rond een persoon of situatie. Je moet de kwaadheid erkennen, een manier vinden om deze uit te drukken die niet naar jezelf gekeerd is. Dan moet je het laten gaan. We zullen bespreken hoe je dit "laten gaan" bewerkstelligt aan het einde van dit boek.

Het gaat niet enkel om het uitdrukken van de gevoelens en gedachten, maar ook over het nemen van actie. Hoeveel mensen ken je wel niet die heel de tijd door hun gedachtes en gevoelens uiten maar er niks mee doen? Ze herhalen gewoon hetzelfde patroon, keer op keer. Hier gebruik ik de uitdrukking, "Hetzelfde nummer blijven afspelen.". Dit komt neer op, als je je niet goed voelt in een situatie, je iets moet doen om het te veranderen. Je kan hierover zaniken tegen anderen tot je oren eraf vallen. Als je niks DOET, een andere richting uitgaat (of dus een ander lied laat spelen), zal er niks veranderen. Het kan even goed erger worden, aangezien je niks doet om de situatie te veranderen. De boodschap die je ontvangt gaat vaak over het veranderen van de richting waarin je aan het gaan bent. Soms komt het erop neer dat je de situatie verlaat en een richting uitgaat die beter is.

Dit kan soms betekenen dat er problemen of initieel ongewenste veranderingen teweeg worden gebracht, maar op langere termijn werkt dit in je voordeel.

HOOFDSTUK 9

HORMOONSTELSEL

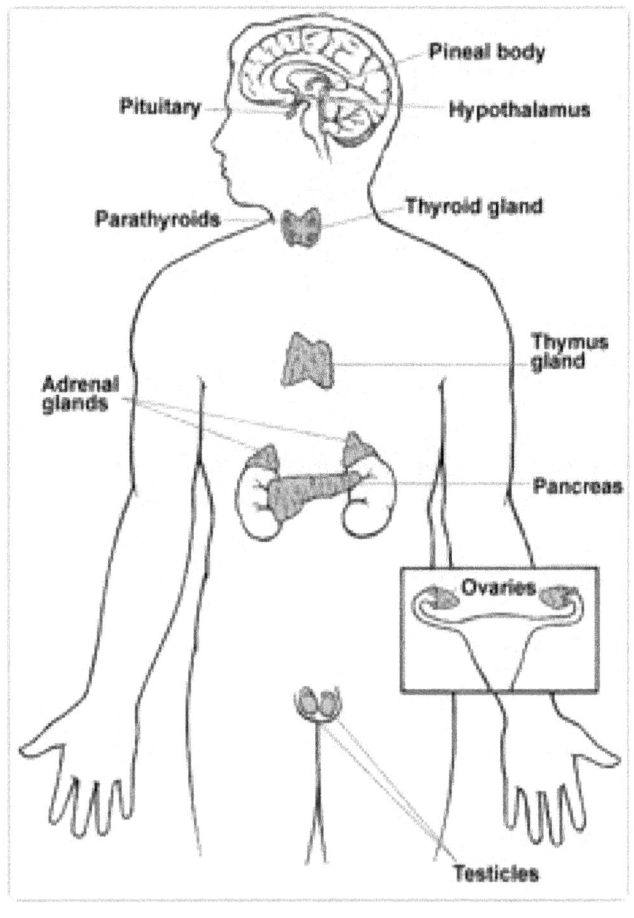

Het hormoonsysteem bestaat uit een stelsel van klieren, elke klier scheidt een bepaald type hormoon rechtstreeks in de bloedstroom af om het lichaam te reguleren. Dit stelsel is samengesteld uit de hypofyse, de hypothalamus, de pijnappelklier, de schildklier, de bijschildklier en de bijnieren.

De **hypofyse** is bevindt zich aan de basis van het brein. Deze scheidt negen verschillende hormonen af. Dit reguleert de hormoonhuishouding.

De **hypothalamus** is een minuscuul deel van het brein. Desondanks, speelt het een zeer belangrijke rol bij een verbazingwekkend aantal van functionele en gedragsmatige activiteiten die essentieel zijn voor het dagelijkse overleven van het individu en voor het overleven van het ras. De algemene rol bestaat eruit om een enorme hoeveel informatie te verzamelen uit het lichaam en het organiseren van neurale en endocriene reacties die de hormoonhuishouding (constante balans van de interne omgeving) handhaven.

De **pijnappelklier** (ook wel het pijnappellichaam, de hersenstam epifyse, de epifyse, het derde oog) is een kleine endocriene klier in het brein. Het produceert melatonine, wat een afgeleide is van serotonine. Melatonine is een hormoon dat een effect heeft op ons slaappatroon, en onze seizoensgebonden functies. Het heeft de vorm van een kleine dennenappel (vandaar de naam) en het bevindt zich nabij het centrum van het brein, tussen de twee hersenhelften.

De **schildklier** is een van de grootste endocriene klieren. De schildklier vind je in de nek, onder de thyroid cartilage (deze vormt het laryngeal prominence, of Adamsappel). De schildklier controleert energieverbruik van het lichaam, maakt proteïnen aan en reguleert hoe gevoelig het lichaam is voor andere hormonen. Het neemt deel aan deze lichamelijke processen door de productie van het thyroid hormonen, de belangrijkste hiervan zijn triiodothyronine (T3) en thyroxine (T4). Deze hormonen regelen de mate van stofwisseling en hebben invloed op de groei en andere stelsels in ons lichaam.

De **bijschildklieren** zijn kleine endocriene klieren in de hals die bijschildklierhormonen produceren. Mensen hebben gewoonlijk vier bijschildklieren, die bevinden zich doorgaans op de rear oppervlakte van de schildklier, in een enkel geval vind je deze in de schildklier zelf of in de borstkas. Bijschildklieren controleren het gehalte van calcium in het bloed en de botten.

De **bijnieren** vind je bovenop de nieren. Ze zijn vooral verantwoordelijk voor het aanmaken van hormonen als reactie op stress aan de hand van synthese van corticosteroïden zoals cortisol en catecholamines zoals adrenaline. De bijnieren hebben een invloed op hoe de nieren werken, ze scheiden aldosteron af, een hormoon dat betrokken is bij het regelen van de osmolariteit van het bloedplasma.

Het voornaamste waar dit stelsel zich mee bezighoudt is het lichaam in balans houden (homeostase). Dit doe het aan de hand van de afscheiding van verschillende hormonen uit verschillende klieren. In plaats van dit systeem als één geheel te beschouwen, is het hier beter om naar het lichaamsdeel te kijken waar de klier zich bevindt. Dit zal je aanwijzingen rond de geleverde boodschap geven.

De klieren van de hals en keel geven aan dat er een nood is tot het spreken van de waarheid om balans te verkrijgen in diens leven. Er is iets dat je moet zeggen en niet zegt. Je moet je waarheid durven spreken! Er zijn tal van mensen met klierproblemen bij ons binnen gekomen (vooral de schildklier). In al deze gevallen werd het duidelijk dat de persoon in kwestie iets stilhield waar ze iets over kwijt moesten. Ze waren al te lang aan het zwijgen.

De bijnieren bevinden zich bovenop de nieren, dus dan kijk je zowel naar de onderbuik als de nierenfunctie bij het ontcijferen van de boodschap. De nieren scheiden giftige stoffen uit het lichaam af, dus er zijn waarschijnlijk toxische gedachten, woorden acties en dergelijke in je "gut" die moeten losgelaten worden om de balans te behouden in je leven. Graag verwijs ik je door naar het deel over de nieren om hier dieper op in te gaan.

De andere klieren bevinden zich in het brein, ofwel in het centrum ofwel aan de basis. Terwijl ik dit neerpen wordt me aangemaand deze termen letterlijk te nemen. Met andere woorden, kijken naar wat "de kern" of "de basis" van het probleem is. Dat is waar de veranderingen moeten plaatsvinden om balans te verkrijgen.

Het brein verwerkt een gigantisch aantal aan informatie, stimulans, gedachten, impulsen, etc. Een te veel aan informatie of stimulans kan een nood creëren om te rusten en het bren de kalmeren.

De boodschap kan inhouden dat je een rustige plek voor jezelf zoekt om te verwerken wat er allemaal in je omgeving gebeurt.

In het hoofdstuk rond chakra's, wordt het derde oog of de kroonchakra aangehaald, deze behandelt dit gebied en is een aanwijzing dat er problemen zijn met psychische gaven. Dit wordt verder uitgelegd in het deel over het brein in Het Zenuwstelsel.

Ikzelf bleek last te hebben met verschillende delen binnen dit stelsel, toen ik "hun" vroeg en mijn lichaam (Dit leer ik later in dit boek aan jou), was het antwoord telkens "je bent uit balans". Het lichaam reflecteert je leven, dus als er dingen "niet ok" zijn in je lichaam, moet je extern en rond je kijken voor de oorzaken. In mijn geval komt het erop neer dat ik veel meer tijd doorbreng al werkende dan spelende, niet genoeg persoonlijke tijd. Er uit balans. Zoals je je wellicht kan inbeelden, is het leven dat ik momenteel leid erg druk, en tijd voor mezelf of iets anders persoonlijks moet echt worden ingepland. Dat is niet altijd makkelijk en werk krijgt vaak voorrang. Ik kan je verzekeren dat een persoon (lichaam) niet gemaakt is om enkel te werken, maar het is makkelijk om in de sleur van werk te raken waarin het makkelijker om het werk te "doen" dan gewoon ruimte te vinden om gewoon "te zijn". Ik voel me doorgaans schuldig als ik niet "iets aan het doen" ben. Ik realiseer me dat dit is wat het lichaam me probeert te vertellen en ik ben me bewust van mijn beslissingen terwijl ik werk aan het herstellen van de balans in mijn leven.

Toen ik in Londen was voor een event in 2012, liep ik voorbij een kruiden en acupunctuurshop in het hotel. Iets trok me genoeg aan om binnen te stappen. Ik had nog nooit een acupunctuursessie ondergaan, maar was er altijd nieuwsgierig naar geweest en ik vroeg me af of het me iets zou kunnen bieden. Ik begreep dat het iets te maken had met het in balans brengen van energie, dus ik dacht dat het misschien wel handig van pas zou komen. De vrouw die hiervoor verantwoordelijk was, was een prachtige, warme vrouw uit Peking, China. We nemen plaats tegenover elkaar voor een consultatie en ze nam mijn polsen terwijl ze haar vingers ter hoogte van mijn hartslag hield. Ik voelde meteen een soort kalmte door me heen gaan, een warm, uitnodigend gevoel. Ze ging verder met vertellen wat er exact aan de hand was in mijn lichaam. Ze wist exact waar de stijfheid in mijn nek zich bevond na de lange vlucht, dit en nog andere zaken die ze niet had kunnen weten. Ze vertelde me later dat ze zelf niet zeker was hoe ze dit deed, dat het misschien haar chi (energie) was die in mijn lichaam kwam om haar zo te tonen wat er bij mij gebeurde. Ik weet het zelf ook niet precies, ik weet gewoon hoe vredig het voelde toen ze mijn pols nam. Ze ging verder met het uitvoeren van acupunctuur omdat ze had opgemerkt dat enkele van mijn organen erg moe waren. De acupunctuur zou dit kunnen herstellen. Ik vond het erg aangenaam dat ze een filosofie aanhing die ervan uitgaat dat het lichaam zichzelf in perfecte harmonie houdt als het de ruimte en ondersteuning krijgt die het nodig heeft. Ze is geen aanhanger van excessieve toevoegingen aan het lichaam, het lichaam is perfect in staat zichzelf te onderhouden. Zoals al aangehaald: “Het lichaam is een wonderbaarlijke constructie, ontworpen om zichzelf te genezen als wij niet tussenkomen”. De behandeling bestond uit het geven van energie en rust aan de organen zodat ze zichzelf konden genezen om zo in staat te zijn in optimale conditie te functioneren. Ik vond wat informatie op het internet over acupunctuur, mocht je er net zo weinig als ikzelf over weten. Zoals met elke dienst, doe je best wat onderzoek om te weten te komen wie en welke dienst het beste bij je past aangezien er velen zijn die niet de beste vertegenwoordiger zijn van hun gave. Toen, in dat moment, voelde alles juist aan rond deze vrouw en de dienst die ze verleende. Dit is hoe je soms een genezende impuls zal verkrijgen. Je wordt geleid naar een dienst die je kan helpen om te doen wat nodig is voor het lichaam. Zodat je je energiebalans kan verplaatsen en jezelf genezen.

Acupunctuur is een methode die het lichaam aanmoedigt om meer natuurlijke genezing toe te passen en de functies ervan te verbeteren. Dit wordt gedaan aan de hand van het inbrengen van naalden, en het aanbrengen van warmte of elektrische impulsen op zeer specifieke acupunctuur punten in het lichaam.

HOE WERKT ACUPUNCTUUR?

De klassieke Chinese verklaring stelt dat de energiekanalen die in patronen door het lichaam lopen en over diens oppervlakte. Deze energiekanalen, meridianen genoemd, zijn zoals rivieren die door het lichaam vloeien en zo het lichaam voorzien, irrigeren als het ware, en de stoffen voeden. Een blokkade in de beweging van deze energierivieren is zoals een dam dat zorgt voor een ophoping.

De meridianen kunnen beïnvloed worden door naalden in acupunctuurpunten; de acupunctuurnaalden ontstoppen de obstructies aan de dammen, en herstellen zo de normale stroming door de meridianen. Op deze wijze kan acupunctuur helpen als behandeling voor de interne organen. Het corrigeert onevenwichtigheden in vertering, opname, en energie producerende activiteiten alsook de circulatie van energie door de meridianen.

De hedendaagse wetenschappelijke verklaring is dat naalden in deze acupunctuurpunten het zenuwstelsel stimuleert om zo bepaalde chemicaliën los te laten in de spieren, ruggenmerg en het brein. Deze chemicaliën zullen een verandering teweegbrengen in de ervaring rond pijn, of ze zullen een trigger zijn voor het losmaken van nog andere chemicaliën en hormonen. Deze hebben dan een invloed op het regelen van het eigen interne systeem.

De verbeterde energie en biochemische balans die wordt geproduceerd door acupunctuur, heeft als resultaat dat het lichaam aangewakkerd is in diens natuurlijke genezingscapaciteiten. Dit promoot het fysieke en emotionele welzijn.

HOOFDSTUK 10

HET IMMUUNSYSTEEM

Een immuunsysteem bestaat uit biologische structuren en processen die ons beschermen tegen ziektes. Om optimaal te functioneren, moet het in staat zijn een groot aantal verschillende indringers te herkennen. Van virussen tot parasieten, en het moet deze dan ook kunnen onderscheiden van het gezonde weefsel dat wel tot het lichaam behoort.

Leukocytes:

Witte bloedcellen, of leukocytes, zijn cellen van het immuunsysteem die betrokken zijn bij de verdediging van het lichaam tegen infecties en vreemde stoffen. Ze hebben een levensspanne van ongeveer drie tot vier dagen in het gemiddelde menselijk lichaam. Men vindt ze doorheen het hele lichaam, ook in het bloed en lymfesysteem.

Tonsils:

De tonsils zijn lymphoepithelial weefsel dat zich achteraan in de keel bevindt. Deze weefsels vertegenwoordigen het verdedigingsmechanisme tegen ingeslikt of ingeademde vreemde stoffen.

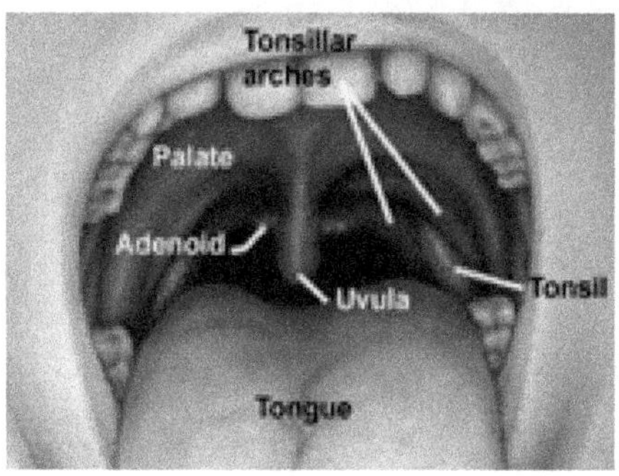

Adenoids:

Adenoids zijn de massa van lymphoid weefsel dat zich posterior van de neusholte bevindt, in het dak van de nasopharynx, waar de neus overgaat in de keel.

Thymus:

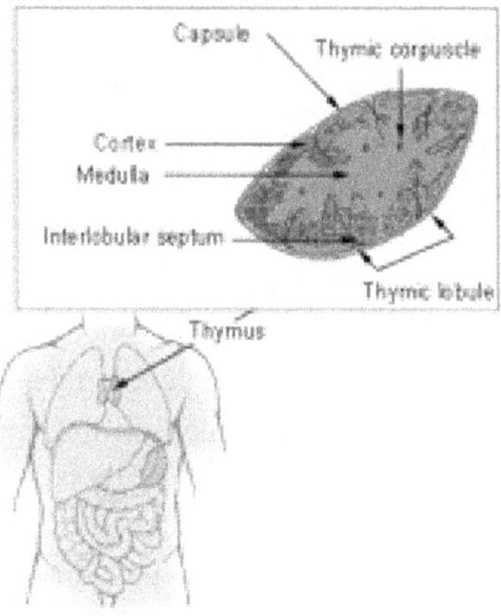

De thymus is een gespecialiseerd orgaan van het immuunsysteem. De Thyrus produceert en "educates" T-lympocytes (T cells), deze zijn belangrijke cellen van het aanpasbaar immuunsysteem.

De thymus bestaat uit twee identieke kwabben en bevindt zich voor het hart, achter het sternum, anterior superior mediastinum.

Spleen:

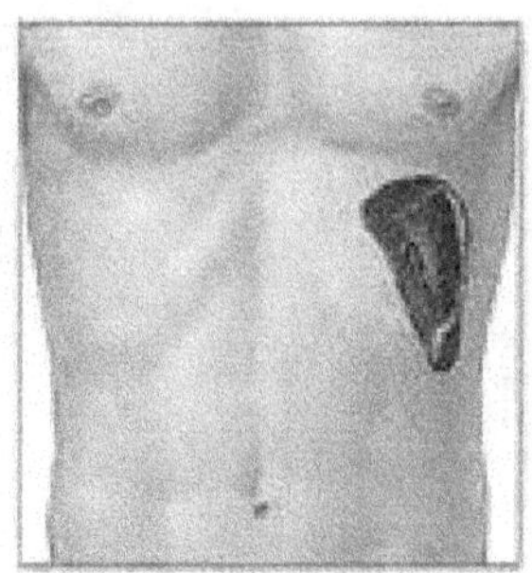

De spleen bevindt zich in het bovenste kwadrant van de onderbuik en speelt een belangrijke rol voor de rode bloedcellen. Het zuivert oude rode bloedcellen en houdt een bloedreserve bij de hand in geval van groot bloedverlies. Het helpt ook bij de recyclage van ijzer. Het kan beschouwd worden als een grote lymfeklier, omdat de afwezigheid van de spleen leidt tot een hogere kans op infecties.

Het immuunsysteem heeft een doel, dat is het lichaam beschermen van aanvallen van vreemde elementen. Als dit systeem wordt geactiveerd is het makkelijk om te zeggen, "Wel, ik kwam in contact met iemand die een bacterie droeg en zo kreeg ik een verkoudheid." Onthou, alle kwaaltjes, pijnen en symptomen zijn signalen van het lichaam dat een boodschap probeert te leveren. Het zal doorgaans niet de boodschap zijn, "Blijf weg van mensen met bacteriën." Het is je aan het vertellen dat je onder aanval bent. Het is doorgaans geen grote aanval, maar dat zou het kunnen zijn. Je voelt je machteloos rond iets. Je hebt het gevoel dat je je ergens niet tegen kan verdedigen. Iets confronteert je en je wil er niet mee omgaan. Je ziet het als een aanval, anders zou je er zonder problemen kunnen rond of doorgaan. Soms moet je simpelweg wat rust nemen (externe aanvallen zijn vermoeiend) en geef je jezelf hiervoor geen toestemming. Het lichaam zorgt hier dan zelf voor door je een verkoudheid te geven, en op die manier dwingt het je rust te houden.

Om een beter begrip te hebben en leiding rond de boodschappen die geleverd worden, is het belangrijk om te weten in welk gebied de specifieke klier zich bevindt en hoe de symptomen zich manifesteren.

Als de amandelen of adenoids (keel regio) worden aangevallen, moet je iets zeggen (je waarheid spreken). Een andere manier om hiernaar te kijken is: Om in de eerste plaats aangevallen te worden, moet je je als een slachtoffer gedragen. Dus moet je misschien ook een kijkje nemen naar je eigen mindset. Om te weten of je het gevoel hebt dat je een slachtoffer bent van de situatie. Zoals je weet, creëren we deze situaties om er van te leren, we zijn dus nooit het slachtoffer van iemand anders. Als we ons kwetsbaar voelen, en een slachtoffer, betekent dit dat we om een of andere reden onze macht weg gaven, en nu kunnen worden aangevallen.

De thymus bevindt zich in de borststreek / hartregio, als deze wordt geaffecteerd is dat een aanwijzing dat je je machteloos voelt als het aankomt op het voelen van emoties voor zichzelf, of voor anderen. Het hart is "de zetel der emotie" en is de indicator van je gevoelens rond liefde. Dit gaat over je mogelijkheid tot liefhebben en liefgehad te worden. Ook je capaciteit om liefde en vreugde in je leven te hebben. Misschien voelde je vroeger alsof dit werd aangevallen in het verleden. Je kan angst hebben dit deel van jezelf open te stellen naar anderen toe. Of je voelt je momenteel aangevallen en je schakelt je beschermingsmechanisme in.

De spleen zit in de bovenbuik, men moet opnieuw onderzoeken wat er binnen wordt gehouden en wat misschien wordt gezien als een aanval waartegen de spleen zich verdedigt. De onderbuik is waar we onze emoties vasthouden, niet loslaten en niet uitdrukken. Dit kan woekeren en iets in dit gebied van het lichaam doen reageren.

HOOFDSTUK 11

HET INTEGUMENTUM

Het integument is het orgaanstelsel dat het lichaam beschermt tegen schade. Het bestaat uit de huid, haar en nagels. Het heeft een wijd scala aan functies. Het doet dienst als een waterproof laag, een stootkussen en beschermt de dieperliggende weefsels. Het scheidt ook afval uit, en regelt de temperatuur. Het is waar onze zintuiglijke waarneming zich bevindt, het detecteert pijn, gevoel, druk en temperatuur. In de meeste aardse gewervelde dieren die een hoge hoeveelheid zonlicht ontvangen, zorgt het integument ook voor de synthese van vitamine D.

Skin:

De menselijke huid is de buitenste laag van het lichaam. Het is bij mensen het grootste orgaan van het integument. De huid heeft meerdere lagen van ectodermaal weefsel en bewaakt de onderliggen spieren, botten, ligamenten en interne organen. Hoewel bijna elke menselijke huid bedekt is met haarzakjes, lijkt het haarloos te zijn.

De huid speelt een sleutelrol bij de bescherming van het lichaam tegen de omgeving, het als het ware onze “interface” met deze omgeving. Het beschermt het lichaam tegen pathogenen en overdreven waterverlies. Het heeft ook de functie van de temperatuurregeling, gevoel, synthese van vitamine D en de bescherming van vitamine B foliumzuur.

Naast de huid, het haar en de nagels die dienen ter bescherming van organen en stelsel binnenin het lichaam, zijn ze ook hoe jezelf naar de buitenwereld toe presenteert. Afhankelijk van waar een lichamelijk probleem zich bevindt, zal dit meer zeggen over de interne probleemsituatie. Ik ontmoette ooit iemand die last had van verkleuring in het gezicht en de hals. Tijdens een regressieve sessie ging ze terug naar haar geboorte in dit leven, daarbij kwam ze te weten dat haar moeder liever een jongen had gehad, en ze dus ongewenst was. Op die manier creëerde ze een masker voor zichzelf.

Kloven of andere types van het opengaan van de huid kan een aanwijzing zijn dat je je kwetsbaar voelt, niet genoeg bescherming hebt tegen externe invloeden.

Kijk naar hoe de toestand zich manifesteert, dat is je boodschap.

Sommige types uitslag (huid), vooral de benen, duidt op een overdaad aan energie die doorheen het lichaam gaat.

Vele regressies naar vorige levens toonden aan dat eczeem (een brandende rode uitslag van de huid) een overblijfsel is van levend verbranden in een ander leven. Dit kan zijn overgedragen als een herinnering, of om je voorzichtiger te maken zodat in dit leven niet hetzelfde gebeurt. In andere woorden, er kunnen zich overlappingen voordoen tussen de twee levens en de uitslag dient als een waarschuwing.

Een geboortevlek is een ander veelvoorkomend huidtoestand. Geboortevlekken zijn een overblijfsel en indicator van trauma, of hoe je in een ander leven kwam te sterven. Ze hebben doorgaans geen impact op de gezondheid, maar kunnen verwijderd worden als je de boodschap uitdoktert en de connectie maakt.

Haar is een troef in vele gevallen en hoe we onszelf onderscheiden van anderen. Hoe we ons haar in model brengen is een grote aanwijzing naar onze interne leefwereld.

Terwijl ik nadenk over haarverlies, hoor ik – eer verliezen -. Men heeft tijdens een sessie al meegedeeld dat haarverlies de oorzaak vindt in een vitamine B12 tekort.

Nagels zijn ook een aanwijzing rond onze presentatie naar de buitenwereld en diegenen rondom ons. Dit zijn de delen die we "tonen". Nagels aan onze vingers zijn ook een stukje gereedschap dat we gebruiken. Problemen met dit "gereedschap" zijn aanwijzingen rond een gevoel van onbekwaamheid of een situatie niet aankunnen.

HOOFDSTUK 12

HET LYMFESTELSEL

Het lymfestelsel maakt deel uit van de bloedsomloop. Het bestaat uit een netwerk van verbindingen die lymfevaten genoemd worden. Deze dragen een heldere vloeistof dat lymfe wordt genoemd richting het hart. Nadat de bloedsomloop al het bloed heeft gefilterd gedurende een volle dag, is er ongeveer drie liter vloeistof die niet opnieuw op directe wijze in het lichaam wordt opgenomen. Het lymfesysteem is de verantwoordelijke om deze restvloeistof in het bloed te krijgen. Het vocht wordt vervoerd door de lymfevaten naar de lymfeklieren voor het uiteindelijk wordt geledigd in de rechtse of linkse subclavian ader, waar het weer wordt vermengd met het bloed.

Lymfatische organen spelen een belangrijke rol bij het immuunsysteem. Ze overlappen voor een groot deel met het lymfe stelsel. Lymfeklieren worden doorheen het gehele lichaam aangetroffen, ze fungeren als filters of vallen voor vreemde deeltjes. Ze zijn belangrijk voor het optimaal functioneren van het immuunsysteem. Ze zijn nauw verbonden met de witte bloedcellen.

Het lymfesysteem is een vervoersmiddel dat is ontworpen om de cellen in een gezonde en evenwichtige omgeving te houden, dit gebeurt door de overtollige vloeistof terug in het bloed te brengen zodat het kan gecirculeerd worden naar waar het nodig is. Verder brengt het bacteriën naar de lymfeklieren waar ze worden vernietigd. Als dit stelsel uit balans is, zal er vaak een zwelling voorkomen van de externe ledematen, vooral voeten en benen. Dit gebeurt omdat de overtollige vloeistof niet terug in het bloed wordt gevoerd. Omdat het lymfesysteem deel uitmaakt van de bloedsomloop, zal de boodschap gelijkaardig zijn. Het bloed en de bijhorende bloedsomloop zijn indicators voor de levensflow en of je in je gewenste richting gaat. Als er overtollige vloeistof onverwerkt in het systeem blijft, kan dit een aanwijzing zijn voor stilstand, te weinig beweging of een te trage beweging in de gewenste richting. Er is een blokkade of een zekere weerstand tegen de richting die je had gepland in dit leven. Je bent van het pad af geraakt, of je zit ergens vast. Er is een gebrek aan toewijding bij de richting die je uitgaat en daarom voelt het als weerstand. Als je helemaal zou stoppen en dus stilvallen, zal je waarschijnlijk kwaaltjes en pijnen ontwikkelen.

Het doel van de lymfeklieren is het vernietigen van bacteriën die hierheen worden gebracht via dit stelsel. Problemen in dit gebied zijn gelijkaardig aan problemen met het immuunsysteem. Je voelt je machteloos over iets, of over een gebied in je leven. Je hebt je macht weg gegeven en nu voel je je kwetsbaar en zelfs onder vuur liggend. Als er zich problemen voordoen in deze klieren, kijk naar de locatie voor de specifieke boodschap.

De benen wijzen beweging aan, de richting van je leven. De armen zijn een aanwijzing welke dingen je omarmt en hoe je dit doet, dit kan zelfs over jezelf in dit leven gaan. De keel duidt op het spreken, voor jezelf of voor anderen, je waarheid spreken – er is iets dat je moet zeggen dat je niet zegt. De maag/onderbuik is de aanwijzer voor het binnenhouden van dingen in “je darmen”, en ze niet laten doorgaan of ze niet verwerken.

HOOFDSTUK 13

Het bewegingsstelsel

Een bewegingsstelsel (ook bekend als het locomotie-stelsel) is een organenstelsel dat dieren (mensen inbegrepen) de mogelijkheid geeft tot beweging. Hiervoor worden het spierensysteem en het bottensysteem gebruikt. Het bewegingssysteem voorziet de vorm, ondersteuning, stabiliteit en beweging van het lichaam.

Het bestaat uit de botten (het skelet), spieren, kraakbeen, pezen, ligamenten, gewrichten en andere verbindende weefsels, welke weefsels en organen ondersteunt en met elkaar verbinden.

De primaire functie van dit stelsel is het lichaam ondersteunen, beweging toelaten en het beschermen van vitale organen.

Spieren:

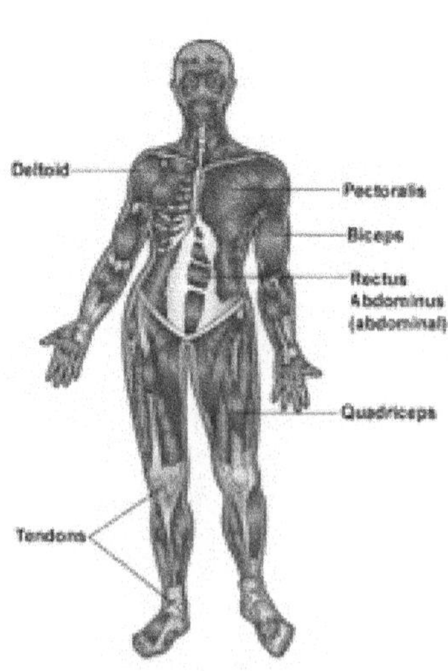

Skelet:

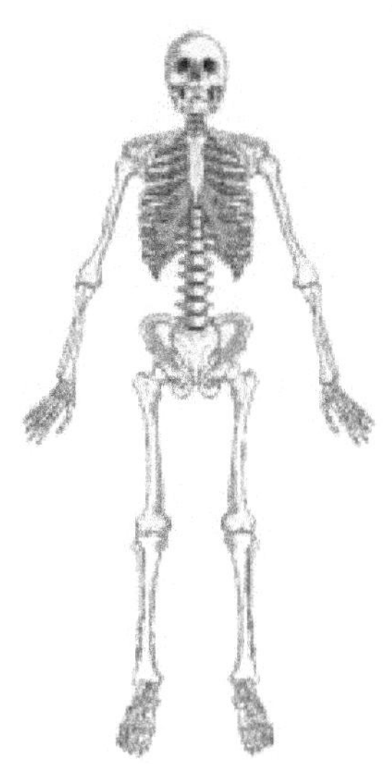

De rol van het skelet:

Het stelsel van geconnecteerde botten en kraakbeen ondersteunt het lichaam, het voorziet een kaderwerk waaromheen de zachtere weefsels worden gebouwd. Het skelet beschermt ook de interne organen, zo is zijn er de ribben die bescherming bieden voor het hart en de longen, de schedel beschermt het delicate brein. Het is ook belangrijk bij de beweging van verschillende delen van het lichaam. Botten zijn het ankerpunt voor spieren, waartegen spieren zich afzetten.

Dit stelsel wordt best onderzocht via individuele delen. De spieren en het skelet voorziet algemeen gesproken ondersteuning en bescherming voor de organen, alsook beweging voor het lichaam. Doorgaans zal iets dat gebeurt zich voordoen in een specifiek deel zoals een arm of een been. Omwille van het specifieke individuele aspect, vraag ik je om een nadere kijk te nemen aangaande situatie en zo te weten te komen wat de onderliggen boodschap is.

Aangezien de spieren instaan voor de beweging, is het type probleem een aanwijzing naar het type “niet bewegen” of beperking in beweging. Spierzwakte of afsterven ervan is een aanwijzing dat er een gebrek aan verlangen is om in die bepaalde richting verder te gaan.

Heupen, benen, knieën, enkels, voeten:

Benen en voeten:

Deze brengen je van plek naar plek. Als er zich hierrond problemen voordoen is dat een aanwijzing dat je niet in je gewenste richting aan het bewegen bent. Beweging in een andere richting weerstand bieden kan dit ook veroorzaken. Het is waarschijnlijk iets dat je al een poos wil doen, maar waarvoor je een bepaalde angst koestert omdat deze verandering diepgaand zal zijn. Je zal ervoor uit je comfortzone moeten stappen of een aanpassing maken in je levensstijl. De linkerzijde duidt erop dat iets uit het verleden je weerhoudt van het maken van de verandering. Indien het gaat over de rechterzijde duidt op iets in het heden, in het nu. Eruit stappen, naar voren treden, de eerste stap zetten.

Heupen, knieën, enkels:

Dit zijn gewrichten die helpen om de benen en voeten te bewegen. Gewrichten zijn flexibel, ze duiden dan ook aan hoe flexibel je bent als je een nieuwe richting uitgaat. Problemen met deze gewrichten zijn een verdergaande boodschap aangaande de richting die je uitgaat, de juiste richting voor jou en geeft iets meer vrij over de oorzaak, de echte reden. Hoe groter het gewricht is dat wordt aangetast, hoe groter de onbeweeglijkheid.

Ik heb al een tijdje last van mijn rechterhiel, het probleem zou gediagnosticeerd kunnen worden als "heel sporen", maar ik kreeg net de boodschap dat het te maken heeft met "je hielen schrap zetten", ook bekend als heel koppig zijn. Het gaat weg terwijl ik plichtsbewust aan het schrijven ben. Zoals ik hiervoor al vermeldde kwam er veel bij kijken vooraleer ik dit punt bereikte. Ik neig ernaar weerstand te bieden aan de richting die me wordt aangewezen. Dit is aan het verbeteren, en die tendens zal zo blijven terwijl ik in mijn nieuw aangenomen rol "stap".

Schouders, armen, handen:

Onhou hierbij dat het OB erg letterlijk is. Armen en handen dienen om dingen en mensen vast te houden. Ze omarmen hetgeen je liefhebt. De schouders geven aan hoe wijd je je armen kan openen om liefde te ontvangen en iemand te omarmen (geven). Armen zorgen ervoor dat je kan knuffelen. Handen kan je gebruiken als instrumenten. Artritis aan de handen kan eruitzien als een soort van klauw of een gesloten vuist. Ze zien er vaak uit alsof ze iets vastgrijpen of zich eraan vasthouden. Dit duidt op het niet willen laten gaan van iets, of iemand. Een ander teken van gesloten handen is een gebrek aan openheid om te ontvangen. Doorgaans ontvangen we zaken die men ons aanreikt met open handen.

Schouderpijn – De schouders zijn de gewrichten die de armen bewegen, pijn in deze regio wordt tijdens sessies vaak vertaald als een onevenwichtigheid in het geven of krijgen. De armen gaan over het ontvangen, accepteren en omarmen, als je meer geeft dan je ontvangt of omgekeerd, ontstaat er een onevenwichtigheid. Dit leidt dan tot een boodschap.

Dolores heeft vele sessies gehad waarin de cliënt een heup of knieoperatie op de agenda had staan omdat de gewrichten compleet versleten waren. In de meeste gevallen hadden die personen niet de richting genomen die ze vooral voor zichzelf hadden gepland. Er waren dingen die ze wilden doen in hun leven, die ze overduidelijk niet aan het doen waren. Als ik met mijn innerlijk naar deze situaties kijk is er vaak een zekere inspanning aanwezig om in een bepaalde richting te gaan. Het is echter zo dat de weerstand/koppigheid/weerzin een wrijving veroorzaakt rond dat gebied. Dit maakt het moeilijker om te bewegen, wat pijn of ongemak veroorzaakt.

Er was een sessie waarbij het volgende gebeurde:

"We kwamen aan bij haar fysieke ongemakken, en ik dacht dat haar knie gerelateerd was met een ander leven, maar dat was niet het geval. Dit symptoom betekent doorgaans dat de persoon niet de juiste richting uitgaat. Dat ze zich van iets weerhouden. Maar het OB stelde dat het anders was in het geval van Angela. 'Soms moet je vertragen. Ze is ongeduldig. Het is koppigheid rond bijna alles.' Het wou haar leren hoe ze het zelf moest genezen, in plaats van chirurgie te ondergaan. Ik bleef proberen hun zover te krijgen dat ze de knieën zouden genezen en ze bleven weigeren.'

Van zodra de boodschap is overgebracht, ontvangen en de bijhorende actie wordt ondernomen, zal de pijn en het ongemak verdwijnen.

Wat volgt is een sessie gaande over Multiple Sclerose:

De vader van mijn cliënt had op vroege leeftijd een ontwikkeling van MS. Ik vroeg waarom dat was gebeurd.

P: Hij was een erg intelligente man, zeer ambitieus, afkomstig uit een turbulente familie. En hij wist wat hem te doen stond, maar was bang om dit ook daadwerkelijk te doen. Hij was vooral bang omdat hij niet begreep dat hij moest doorzetten en de weg zich voor hem zou uitstrekken. Dus deed hij wat hij had geleerd in het leger, en het ging hem voorspoedig. Hoewel hij dus een aantal grootse dingen had verwezenlijkt, bleek hij toch in een vorm van stagnatie te verkeren. Hij vervulde niet wat hij werd geacht te doen. De MS vertoonde zich omdat hij spiritueel niet zo snel vooruitging als wel zou moeten, dit zorgde voor een groei ervan op het spirituele niveau. Niet op een fysiek niveau, dus ging hij nog een eind in zijn ontwikkeling en kwam terecht op een punt waar geen terugkeer meer mogelijk was. Dit stond hem toe om in zijn mentale en spirituele aspect te duiken. En hij maakte zijn keuzes en nam er de verantwoording voor, maar hij is alweer bezig met zich erdoorheen te werken in dit leven. Hij doet het prima."

Nek:

De boodschappen aangaande de nek zijn erg letterlijk. Als je even stilstaat bij de functie van je nek: het houdt het hoofd op zijn plaats, het draait het hoofd van deze naar gene zijde. Als je je hoofd in een andere positie plaatst, verander je wat je ogen zien. De flexibiliteit van de nek geeft een indicatie rond de flexibiliteit van je perspectief. Een vermindering in beweging hiervan is een leidraad naar waar je vastzit in je perspectief, in je waarneming.

Stijve nek – Je wil het niet zien vanuit een ander perspectief, je bent niet flexibel in je standpunt.

Rug of ruggengraat:

Rugproblemen – De rug is een ondersteuning, dus problemen in dit gebied duiden erop dat je niet genoeg steun hebt, niet genoeg gesteund wordt in je ondernemingen. Dit kan gaan over steun van naasten of zelfs van het universum. Het kan ook betekenen dat je een zware last draagt.

De onderrug geeft aan dat het gebrek aan steun zich bevindt aan de wortel van het probleem. De onderrug is wat je rechthoudt, duidt dit zeker op een gebrek aan ondersteuning.

Het middelste deel van de rug associeert zich met de solar plexus chakra, deze is een representatie van je krachtzone, dus problemen in dit gebied zijn een aanwijzing dat het nodig is dat je in je kracht stapt, gelooft.

De spanning in de rug bovenaan, nek en schouder vertegenwoordigen het dragen van andermans problemen of lasten. Je hebt het gevoel alsof je de hele wereld op je schouders hebt.

Niet in staat zijn om op te komen voor jezelf. Niet willende of in staat zijn om een standpunt in te nemen.

Scoliose – Instabiel zijn als het aankomt op je geloofsovertuigingen of standpunten. Niet opkomen voor jezelf. Tijdens een demonstratie in een van de QHHT-lessen, gaf men mee dat deze persoon scoliose had omdat ze niet opkwam voor haarzelf tegen haar moeder.

Bochel of gebogen rug – "neerbuigen" onder druk van anderen. Opnieuw, niet opkomen voor jezelf, sterk in je schoenen staan.

Degeneratie van de ruggengraat – Het wegebben van iemands wil om ergens in te geloven, of om in zichzelf te geloven. Zichzelf zien als "degeneratief."

Dolores had een interessante sessie met iemand waarvan de botten in de nek aan het afbreken waren. Dit tot op het punt dat ze in constante pijn verkeerde en de dokter haar een afspraak had gegeven om alle botten in haar nek samen te brengen.

De cliënt werd naar een ander leven gebracht waar ze getrouwd was met een erg dominante en gruwelijke man. Ze was oprecht van een andere man gaan houden, haar man was hierachter gekomen. Toen hij haar aan het ophangen was, schreeuwde hij naar haar dat ze een "degeneratieveling" was. Het kwam naar voren dat deze man ook haar ex-man was in dit leven. Ze was momenteel in een relatie met een man die haar geliefde was in het andere leven. Omdat ze met hem samenwoonde zonder getrouwd te zijn, had ze hetzelfde gevoel van minderwaardig, degeneratief, te zijn. Het opgehangen worden, samen met het uitschelden, zorgde voor de situatie van het wegteren van de botten in de nek. Gevallen zoals deze, waarbij de symptomen worden overgedragen vanuit een ander leven, kunnen makkelijk worden rechtgezet eens de oorzaak is gevonden. Dan kunnen de lichamelijke symptomen in het verleden gelaten worden bij het andere leven. Het was voor haar ook erg belangrijk dat ze geen attitudes overnam van degenen rond haar in het vorige leven.

Hoofdstuk 14

Het Zenuwstelsel

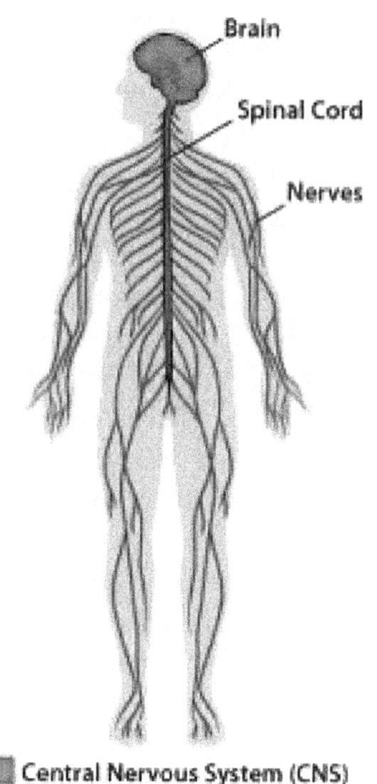

Het zenuwstelsel is een orgaansysteem dat een netwerk van gespecialiseerde cellen omvat, welke neuronen worden genoemd.
Deze coördineren de acties van een dier en brengen signalen over tussen verschillende lichaamsdelen. Het zenuwstelsel omvat het brein, ruggengraat en de zenuwbanen. Daarnaast zijn er ook de ingewikkelde

delen zoals neuronen, maar voor dit voorbeeld is enkel een algemeen begrip nodig van de werking van dit systeem.

Brain:

Het menselijke brein is het centrum van het menselijke zenuwstelsel.

Het brein heeft de controle over de acties en reacties van het lichaam. Het ontvangt een constante stroom van informatie, analyseert deze date en reageert in verhouding hiermee. Dit doet het door lichamelijke functies al dan niet aan te passen.

Het duurde een tijdje vooraleer ik begreep wat problemen in het brein als boodschap met zich meedroegen. Dolores had nog niemand ontmoet met dit type probleem. Ik wist echter dat ik ook dit deel van het lichaam moest aankaarten. Er zijn vele verschillende zaken die kunnen voorkomen in het brein – tumoren, bloedingen, bloedklonters, om maar enkele te noemen. Gisteren werd het bij me binnengebracht terwijl ik een meditatieve visualisatie deed. Hierbij beeldde ik me in dat er een zuil van wit licht mijn lichaam binnenkwam. Toen het licht mijn derde oog chakra bereikte, besefte ik opeens dat problemen in het brein te maken hadden met deze chakra. Het derde oog gaat samen met je intuitie en de ontwikkeling van psychische gaven. We hebben natuurlijk meer details nodig over de kwaal om vast te stellen wat de boodschap precies inhoudt. Bloedklonters representeren een "blokkade" in het systeem, het niet toestaan van de flow. Een aneurysme, of bloeding in het brein zorgt voor een hoge druk. Misschien gaat de boodschap over te grote druk rond de ontwikkeling van deze gaven, of het verlies van controle? Kanker en dergelijke duiden altijd op kwaadheid dus als er zich in dit deel kanker voordoet, kan het duiden op kwaadheid aangaande de intuitie. Het houdt niet zoveel steek voor me als ik het teruglees maar dat is wat ik momenteel door krijg aan informatie. Misschien is er een afwijzing naar anderen en hun gaven, of met je hogere ik.

Het brein is de zetel van "het derde oog", waarin je de pijnappelklier kan vinden. Dit gebied is de doorgang naar hogere dimensies, hoger begrip of psychische gaven. Ik besloot een beetje onderzoek te doen naar de pijnappelklier, aangezien ik slechts een beperkt begrip had rond dit gegeven. De fysieke informatie, basisinformatie, is dat het een klier is die ongeveer de grootte heeft van een erwt, deze bevindt zich in het centrum van het brein en produceert melatonine, een hormoon dat een effect heeft op je slaappatroon. Er is een interessant artikel geschreven door Gary Vey. Hieronder volgt een klein stukje met uitleg:

Hoewel men Descartes dit idee toeschrijft, komt het idee van de pijnappelklier als een orgaan, waarlangs de ziel van de mens toegang kreeg en het menselijk lichaam bestuurde oorspronkelijk van de Griekse dokter Herophilus. Driehonderd jaar voor Christus was Herophilus (rechts) bezig met het schouwen van lijken en hij hield al zijn bevindingen bij. Zijn specialiteiten waren het voortplantingsstelsel en het brein.

Voorafgaand aan Herophilus geloofden mensen dat "het hoofdkantoor" van het menselijk bewustzijn zich in het hart bevond. Zo werden bij Egyptische mummies de harten verwijderd en gebalsemd. De hersenen daarentegen, werden zonder al te veel poespas weggehaald en weg gesmeten. Maar Herophilus wist dat het brein de hoofdzetel was, hij ging hierin verder en benoemde verschillende delen van het brein, alsook de gedragingen die ermee geassocieerd worden.

Het viel Herophilus op dat de pijnappelklierconstructie een op zichzelf staand iets was, in tegenstellig tot andere delen van het brein die zichzelf weerspiegelden in de linker en rechterhersenhelft. Het is de eerste klier die wordt gevormd bij de ontwikkeling van de foetus en is merkbaar na drie weken. Het wordt ook sterk gevoed. De pijnappelklier wordt voorzien van het beste bloed, zuurstuf en voedingstoffenmix die voorhanden is in het lichaam. Enkel de nieren krijgen soms een betere mix, die moeten dan ook de onzuiverheden uit het lichaam filteren. Omwille van deze unieke en speciale anatome samenstelling, concludeerde Herophilus terecht dat het een grote rol speelde in bewustzijn en het de doorgang was naar onze echte ik.

Later in hetzelfde artikel:
Tegen 158, ontdekte Aaron Lerner Melatonine, dit is een belangrijke molecule die wordt geproduceerd in de pijnappelklier vanuit een andere bekende neurotransmitter; serotonine. Hij gaf ook bewijskracht aan het feit dat de hoeveelheid melatonine varieerde, zelfs ophield gedurende de dag en snel opgewekt werd na het ondergaan van de zon. Men leerde ook dat melatonine verantwoordelijk was voor onze staat van relaxatie en in slaap vallen.

Voor een geruime poos was het niet geweten hoe deze kleine klier, welke diep verborgen was in het midden van het menselijke brein, in staat was om licht of het gebrek eraan waar te nemen. Later werd ontdekt dat er een verbinding bestond tussen de pijnappelklier en onze retina's, welke, vreemd genoeg, ook melatonine bevatten. Het duurde niet lang voor men de pijnappelklier begon aan te duiden met de term "derde oog". Omwille van de locatie, gelegen aan een van de zeven chakra's, werd het ook omschreven als het centrum van spirituele en bovennatuurlijke energie.

In een ander artikel stelt men dat een ontwaakte pijnappelklier met zich de gave meebrengt van astrale verplaatsing, het verkennen van andere dimensies, het voorspellen van de toekomst en het ontvangen van boodschappen van liefhebbende multidimensionale wezens… Het lijkt zowaar wel alsof mensen bedoeld waren als wezen met visies, in staat om zich te verbinden met informatie uit andere dimensies. Vanuit dit multidimensionale perspectief gekeken blijft er weinig over van het menselijke ego. Het overstijgt ego en geeft zodoende verachting al dan niet genezing van onze problemen, conflicten en bijgevolg karma.

Ruggengraat:

De ruggengraat is de hoofdweg voor informatie. Het verbindt het brein en peripheral zenuwsstelse. Dit is het gesprekssysteem. Alle berichten die heen en weer worden gestuurd van het brein naar het lichaam moeten dit communicatiesysteem gebruiken. Is het bijgevolg niet ergens logisch dat een probleem in dit systeem duidt op een probleem in hoe je boodschappen overbrengt en ontvangt? Ik kreeg net door dat dit te maken heeft met hoe je berichten naar jezelf stuurt en van jezelf ontvangt. Dus je kan bepalen in hoeverre de boodschappen vervormd zijn aan de hand van wat er gaande is in de ruggengraat en de zenuwen. Een volledige scheiding kan duiden op een volkomen gebrek aan connectie met jezelf als je jezelf boodschappen stuurt. De boodschappen worden helemaal niet ontvangen of indien ze wel worden ontvangen, gebeurt dit op een erg verwrongen manier.

Zenuwen:

Een perifere zenuw, of simpelweg een zenuw, is een omhuld, kabelachtige bundel van perifere axonen (de lange, slanke projecties van neuronen. Een zenuw voorziet een baan voor de elektrochemische zenuwimpulsen die worden verstuurd via de axonen.

De zenuwen en ruggengraat zijn een gigantisch groot boodschapperssysteem die berichten tussen het lichaam en het brein tewerkstellen.

Zenuwziektes hebben vaak te maken met een teveel aan energie dat terug in het lichaam komt. In reguliere ("normale") omstandigheden kom de energie binnen in je kroonchakra in de vorm van een trechter. Als ik op een energetisch niveau naar iemand keek met een zenuwziekte, kwam de energie soms binnen in de vorm van een zuil die de persoon helemaal omvat. De eerste maal dat ik dit waarnam, voelde ik een overlading aan energie. Ik kreeg die intuïtieve waarneming dat de persoon, of ziel, bij aanvatting van dit leven de houding "Laat maar komen!" had. Velen onder ons overschatten de capaciteit van het menselijke lichaam om energie te bevatten. Aan de andere zijde, als we onze volledige ware "ik" zijn, zijn we pure energie. We bevinden ons in deze lichamen en zijn in staat om energie vast te houden en anderen te helpen. De doelen die we onszelf stellen zijn niet min terwijl we hier zijn, we nemen vaak te veel hooi op onze vork. Met de wet van "geen tussenkomst" in plaats, is het niet mogelijk om hulp te krijgen van onze gidsen of "hogere ik", tenzij we hierom vragen. Dit resulteert in meer energie dan het lichaam aankan op een bepaald moment, wat op zijn beurt weer kortsluiting en overlading van het systeem ten gevolg heeft. Situaties waarin dit vaak voorkomt worden in de medische wereld gediagnosticeerd als epilepsie, Alzheimer en dergelijke.

Een andere oorzaak voor het slecht functioneren van de zenuwen kan liggen in het vasthouden aan kwaadheid. Dit op zodanige wijze dat het de persoon "vanbinnen opvreet". De persoon in kwestie had verlammende symptomen. Zijn lichaam "ontving" de boodschappen niet. Zoals werd aangehaald in de vorige alinea, gaat het hier over een soort "kortsluiting" bij het boodschapperssysteem. Het leek mij heel interessant dat geen enkele poging om hem de fysieke tapes van zijn sessies te bezorgen, lukte. Uiteindelijk hebben we dit fysiek aan zijn deur met de hand afgeleverd. De boodschappen werden duidelijk niet ontvangen. Een heel vergelijkbaar iets gebeurt bij wat men "Multiple Sclerosis" noemt en "Musculaire Dustrofy". De boodschappen worden niet ontvangen.

Hierna volgt een opsomming van andere lichaamsdelen die tot dit systeem behoren en waar hun signalen op duiden. Ik zal niet in staat zijn om al de verschillende lichaamsdelen en diens mogelijke kwalen te overlopen. Het doel van dit boek is om je een idee te geven van hoe het proces in zijn werk gaat. Eens je de algemene boodschap van een specifieke zone vat, zal je in staat zijn om verder af te leiden wat je Onderbewustzijn of Hogere Ik probeert over te brengen aan de hand van je lichaam.

Hoofd:

Hoofdpijn(en) (ernstig-migraine- - Vaak is hoofdpijn een overblijfsel van hoe je overleed in een ander leven. Een klap tegen het hoofd, iets dergelijks. Probeer te weten te komen wanneer de hoofdpijn begon en wat er precies aan de hand was gedurende die periode. Het kan zijn dat er een verband bestaat tussen die periode en een gelijkaardige periode in een ander leven.

Hoofdpijn kan ook duiden op stress rond situaties in dit leven.

Dementie (zware) (Alzheimer) – Dit duidt op een gradueel verlies van energie. De energie verlaat stilaan het lichaam. De persoon wil doorgaan, maar doet dit op een graduele manier zodat degenen die achterblijven meer tijd hebben om in het reine te komen met de onvermijdelijke dood.

Er zijn bepaalde situaties die werden gediagnosticeerd als zijnde Alzheimer, maar eigenlijk slechts een overlading waren aan inkomende energie. Bij het geven van instructies om deze energieaanvoer te verminderen, verminderden ook de symptomen en het lichamelijk functioneren gebeurde weer op een normaal niveau binnen een periode van zes maanden. Dit verzoek wordt gedaan op een etherisch niveau en kan bewerkstelligd worden aan de hand van het visualiseren van een wijzerschijf die naar beneden wordt gedraaid. Soms is het mogelijk om effectief contact te maken met het energieveld van de andere persoon en zo meer te weten te komen over wat de energie aan het doen is. Als dit het geval is, ben je in staat om te voelen hoe de energietoevoer wordt vermnderd naarmate dat de wijzerschijf wordt gedraaid.

Hersentumor – Diepgewortelde kwaadheid op zichzelf. Kwade gedachten, zichzelf verwerpen of kwaadheid naar hoe men is gegroeid. Soms zelfs kwaadheid rond een verondersteld gebrek aan bovennatuurlijke gaven. Dolores wil dat ik vermeld dat het je niet wordt toegestaan deze gaven verder te ontwikkelen maar ik heb een probleem met het woord “toegestaan”. Het kan zijn dat er situaties of mensen in je leven zijn die het je moeilijk maken om dingen te verwezenlijken, maar het “toestaan” komt vanuit jezelf. Je kan dan wel de indruk hebben dat het je niet wordt toegestaan; maar in de wereld van spirituele en psychische ontwikkelling kan niemand je weerhouden aangezien het niet vanuit een fysieke bron ontwikkelt. Ik aanvaard wel dat er landen bestaan waar er zware beperkingen en gevolgen worden opgelegd, dit kunnen verzwarende omstandigheden wezen, maar voor het overgrote deel wordt het ons toegestaan om ons “werk” te doen in privésfeer en afdoende privacy waar nodig.

Zenuwziektes (stress, piekeren) – Deze kwalen stammen vanuit een angst voor het onbekende. Je hebt de indruk dat je de controle en weet moet hebben van alle uitkomsten van alle gebeurtenissen. Zich zorgen maken is een symptoom van een gebrek aan vertrouwen in iemand, of in zichzelf. Omdat het lastig is om situaties te laten ontvouwen zonder meer. Er wordt een overlading aan stimulans op het lichaam losgelaten, zowel als het brein. Dit alles om uitkomsten te kunnen anticiperen.

Het OB stelde dat stress verschrikkelijke dingen met het lichaam kan doen. Het is eigenlijk een manier van het lichaam om je aandacht te trekken, om je te wijzen op het feit dat je moet luisteren. Als je luistert, geeft het je de informatie die je nodig hebt.

Depressie – Je probeert je terug te trekken, te ontsnappen.

Bipolaire stoornis – Dit een meer extreme vorm van depressie, een diepere neiging om terug te trekken, te ontsnappen.

Hoofdstuk 15

Het Voortplantingsstelsel

Het voorplantingsstelsel of genitale stelsel is een systeem van organen dat onderdeel uitmaakt van een organisme, ze werken in onderling verband met reproductie of voorplanting, als doel.

Sexuele organen (vrouw):

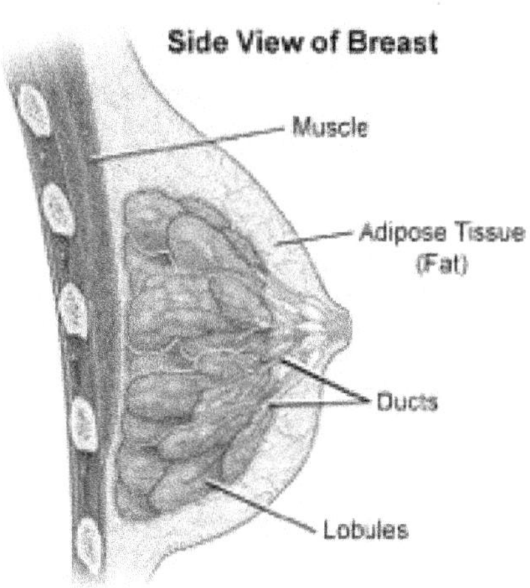

Borsten:

Het hoofddoel van de borsten is het voeden van het nageslacht, dus problemen in dit gebied hebben te maken met voeden, of gevoed worden. Het probleem stamt meestal uit een gebrek aan voeding of een gebrek aan het voorzien van voeding. Dit is het centrum van koesteren en gekoesterd worden. Het probleem zal zich doorgaans bij de ouders of wederhelft bevinden. Als je je niet goed verzorgd voelt, kan er een onevenwicht in dit gebied voorkomen. Dit is om de boodschap over te brengen dat je het moet laten gaan. Je moet de persoon, die niet in staat is om hetzij liefde te ontvangen hetzij deze te verstrekken, vergiffenis schenken voor hun gebrek. Het kan ook een aanwijzing zijn naar een gebrek om zelf in staat te zijn liefde te geven, te koesteren.

In een van de QHHT-lessen kwam naar boven dat er een persoon leed aan lactose-intolerantie en dat de oorzaak hiervan te vinden was in een gebrek aan het gevoel geliefd te zijn door haar moeder. Het verbaast me soms hoe letterlijk de boodschap soms kan wezen.

Borstkanker – kwaadheid over niet gekoesterd zijn, of niemand hebben om te koesteren. Welke borst wordt aangetast, vertelt je of het te maken heeft met een huidige situatie of iets uit het verleden.

Tijdens een sessie met Dolores kwam hetgeen wat volgt naar voren vanuit het OB of Hogere Ik aangaande een gezwel in de linkerborst van de cliënte:

A: Ze kampt met een verlangen om te redden of koesteren, als er iets gebeurt dat haar weerhoudt van dit te doen, houdt ze het allemaal binnen, ze moet leren dat deel te laten gaan. Het koesteren dat ze doet is het beste wat ze kan met wat haar gegeven is, en ze kan niet alle baby's en puppy's redden.

D: Is dat de oorzaak van de complicaties bij haar borstoperatie?

A: Annette gaf zichzelf in dit leven enorm veel verschillende opties, en ook al heeft het zich niet voltrokken, men kan stellen dat het haar neiging om op een bepaalde manier te reageren is die heeft bijgedragen. Ze bracht haarzelf tot bepaalde gevoelens van ongeschiktheid in haar mogelijkheid tot zorgen voor anderen. Deze opgekropte zorg voor anderen en haar eigen ingeschatte onbekwaamheid daaromtrent moet ze loslaten. (Ik vroeg naar de medicatie die ze toen nam.) In de meeste gevallen is dit onnodig, soms zijn ze nodig om het lichaam in een bepaalde richting een schop onder de kont te geven, als het ware. Erna moet men zich er weer van verwijderen. Het is zelden nodig dat ze zolang genomen worden als men ze voorschrijft. (Ik vroeg naar de wens van de dokters, die wilden opereren. Dat heeft ze niet nodig. Het is een gezond orgaan. (De dokters willen ook de productie van oestrogeen stopzetten.) Ze fungeren in angst. Ze hebben schrik. (De dokters dachten dat dit was wat het overvloedig bloeden van haar urinewegen veroorzaakte.) Het is slechts een natuurlijk gevolg van waar ze doorheen gaat. We zijn aan het proberen dit deel van haar leven te versnellen zodat we inderdaad de stroom van oestrogeen in haar lichaam kunnen verminderen, maar dan wel op...onze manier. We zullen dit doen op de natuurlijke wijze die normaal gezien voorkomt. We gaan het gewoon nu laten plaatsvinden, in plaats van later. Wat de dokters voorstellen zou de natuurlijke productie beëindigen, maar het zou ook meer schade toebrengen. Het enige voordeel dat chirurgie zou bieden ligt in het feit dat ze dan zou beslissen om te rusten en niet te gaan werken. (Dit is niet de beste manier om rust in te lassen.) Ze gaat zich wat zorgen maken rond het nemen van de medicatie. We zullen het neutraliseren, (zodat het op een veilige manier uit het systeem kon gespoeld worden) maar het wordt haar aangeraden dat ze een alternatieve manier vindt om deze stoffen aan te maken. Zo zal ze tegen het einde van dit jaar, die specifieke medicatie niet langer nodig hebben.

Body scan; (hierbij gaat het OB/Hogere Ik op een energetisch level een kijkje nemen doorheen het lichaam, beetje zoals een rontgen-scan. Het is zo in staat te zien hoe de organen en lichaamsdelen eruit zien, of ze verdere aandacht nodig hebben) Er bevindt zich een fibroid in haar baarmoeder, aan de rechterzijde. Ze moet gewoon laten gaan. Ze heeft zich misschien wat gefixeerd op het hebben van nog een kind. Haar contract op dat vlak is al vervuld.

D: Je vertelde ons voorheen dat de fibroids een representatie zijn van ongeboren kinderen. (Ja) Maar ze heeft dat daar niet nodig.
A: Nee, het maakt onderdeel uit van de bloeding.

Daarna ging het OB aan het werk om de tumor te laten oplossen. Het legde uit dat dit allemaal gedaan werd aan de hand van energie. Op een gegeven moment kondigde het aan dat het klaar was. "We verwijderden de fibroid tumor van de wand van de baarmoeder, waarna we het proces van oplossen begonnen. Ze kan wat kriebels ervaren de komende twee dagen. Misschien nog een beetje bloedingen, maar ze komt er wel bovenop. Geen zorgen."

D: Het zal niet terugkeren?
A: Nee, dat is niet nodig.

(De genezing van het lichaam was voltooid.)

Vrouwelijke voortplantingsstelsel:

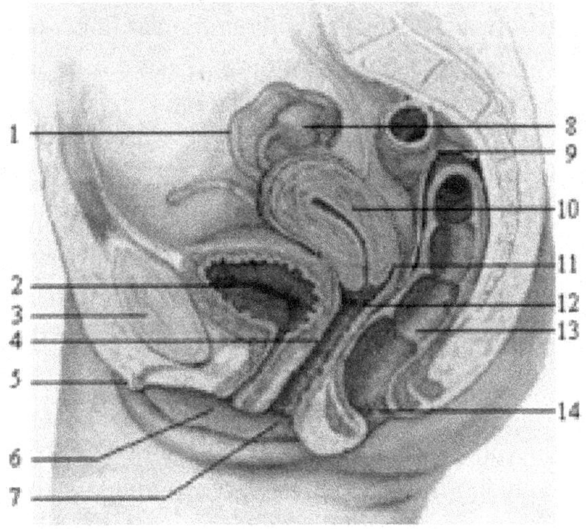

1.fallopian buis 2.Blaas 3.schaambeen 4. g-spot 5.klitoris 6. plasgaatje 7. Vagina 8.sigmoid colon 10.baarmoeder 11.fornix 12.cervix 13. Rectum 14.anus

De baarmoeder is een van de voornaamste sexueel vrouwelijke voortplantingsorganen. Het is te vinden in de meeste zoogdieren, waaronder dus ook mensen. Het is in deze baarmoeder, dat de foetus zich ontwikkelt tijdens de zwangerschap.

Baarmoeder:

De baarmoeder (algemeen gesproken het gehele voortplantingsstelsel) is de creatieve zone, het gebied van vrouwelijke kracht. Dit waar het leven wordt gemaakt en beschermd tot het klaar is om de buitenwereld te betreden. Enigerlei problemen in dit gebied zullen te maken hebben met problemen rond je creativiteit en/of je persoonlijke kracht. Het kan ook duiden op een gebrek van aanvaarding van je vrouwelijke kwaliteiten en expressie. Zo kan het gaan over een schuldgevoel dat heerst, of zelfs angt, bij het uiten van je vrouwelijke kant. Je voelt je niet creatief. Verder kan het aanduiden dat je een kinderwens hebt, of je schuldig voelt over verkeerd gegane zwangerschappen.

Het zal je opvallen dat de baarmoeder zich in de regio van de sacrale chakra bevindt, het beheert je persoonlijke kracht.

Wat volgt zijn verklaringen die stammen uit eigenlijke sessies, uitgevoerd door Dolores:

Een vrouw met hevige bloedingen vanuit de baarmoeder werd bij haar gebracht. De dokters wilden opereren. Ze had vele jaren geleden een abortus gehad, en had dit nooit helemaal kunnen loslaten. Het onderbewustzijn (OB of Hogere Ik) zei dat het lichaam afzag, en rouwde voor het ongeboren kind. Dit manifesteerde zich als een bloeding. Het OB legde aan de cellen die de baarmoeder vormde uit dat het niet langer nodig was om te bloeden, of te huilen voor wat verloren was. Het vulde de baarmoeder met helend licht en rede. Toen vermeldde het dat de cellen hadden geluisterd, en het bloeden zou stoppen, het lichaam zou terugkeren naar zijn gewone cycli en dan binnen drie jaren in menopauze gaan als alles toch al ging worden afgesloten. Het OB stelde dat het altijd kon helpen om te persoon weer in balans te brengen, om harmonie te brengen, als men dit accepteerde. “We spreken waarheid.”

In een andere sessie:

Een vrouw met endometriosis kwam Dolores raadplegen, de dokters wouden een hysterectomy uitvoeren. Ze werd teruggebracht naar een leven waarin ze een rijke slavenhouder was, welke vele vrouwen gebruikte, voor zijn eigen plezier. Haar lichaam was die schuld aan het terugbetalen met problemen in de vrouwelijke organen.

In dit geval is de situatie er eentje die zijn oorsprong vindt in karma. In andere woorden, een schuld wordt ingelost. Er zal dus een limiet bestaan op de hoeveelheid genezing wordt toegestaan te gebeuren. Gewoonlijk, eens de cliënt zich bewust is van de reden/oorzaak van een situatie, zijn ze beter in staat deze te accepteren. Er zijn ook andere zaken die kunnen worden gedaan om hierin soelaas te brengen. Deze behandelen we in de laatste hoofdstukken.

Male:

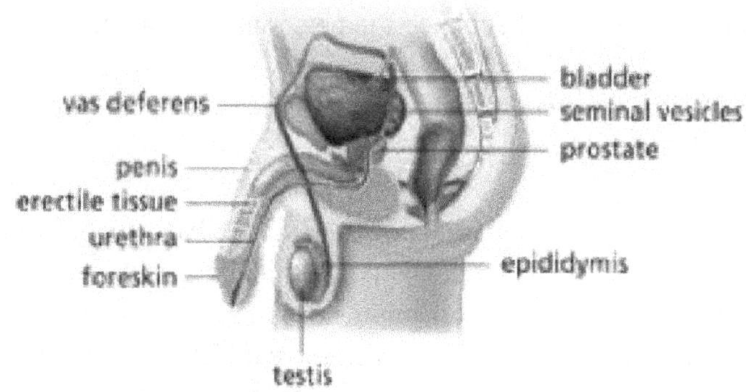

Penis:

De penis is een biologisch aspect van mannelijke dieren. Het is een voortplantingsorgaan dat ook dienstdoet als een urinebuis in zoogdieren die een placenta hebben.

Prostaat en mannelijke genitaliën:

De mannelijke voortplantingsorganen zijn een representatie van diens mannelijkheid. Ze zijn de krachtzone van de man. Problemen in dit gebied kunnen aantonen dat er zich strubbelingen bevinden aangaande je seksualiteit en persoonlijke kracht. Misschien ben je bang om te worden wie je echt bent. Er bestaat de angst dat je de macht of de verantwoordelijkheid niet aankan. Misschien misbruikte je je kracht in een ander leven. Op een bepaalde manier bevindtje je in dit leven niet in je volle mannelijke kracht. Misschien voel je je niet comfortabel bij je rol in dit leven. Problemen in dit gebied kunnen er ook op duiden dat je enerzijds niet genoeg of anderzijds teveel seksuele activiteit had. De mogelijkheid bestaat dat je een kuisheidsgelofte aflegde in een ander leven.

Een andere reden voor problemen in dit gebied wordt nader geduid in het volgende uittreksel van een sessie met Dolores:

Marc kwam bij Dolores voor een sessie, hij was bezorgd dat er iets mis was met zijn prostaat. De dokters vertelden dat het kanker was. Toen het OB het lichaam nader bekeek, meldde het dat er daar iets was. "Het is een proces. Naargelang giftigheid zich doorheen het mannelijke lichaam beweegt, heeft het de neiging om rond de prostaat te blijven hangen, hij is dus bezig met veroorzaken en loslaten op hetzelfde moment. En naargelang hij verder zal loslaten, botst hij in feite op een weg die niet langer wordt gebruikt…"

D: De dokters willen opereren.

M: Ja, het werd hem opgedragen een biopsie te laten nemen.

D: Wat denk jij erover?

M: Ik denk dat dit proces ok is, de dingen die hij doet om zijn gezondheid te handhaven zijn zeker ok.

Ik vroeg of het OB erin kon duiken en alles uitkuisen dat nodig was. Of dat het lichaam dit zelf op natuurlijke wijze kon. "Ik kan het schoonmaken…ik kan dit proces ondersteunen."

D: Zoals je stelde, komt het dus neer op dat het de giftige stoffen eruit spoelt en enkele hiervan zijn op een negatieve manier beginnen bewegen in het lichaam. Klopt dit?

M: Het is niet echt iets negatiefs of positiefs. Het is deel een geloofssysteem. Wij kunnen hier een grote kuis houden. Ik ga het terugbrengen naar het niets van waaruit het kwam.

D: Als hij terugkeert naar de dokter, zal deze niks vinden, of wel?

M: Nee, zoals bij iedereen, zijn ook de geloofssystemen van de dokters indoctrinaties. Het is altijd een uitdaging om deze te veranderen.

D: Dat is waar, maar het kan in ieder geval een beetje helpen als ze iets zien dat hun petje te boven gaat.

M: Het is een kans, een toelatingsbriefje. (We lachten gezamenlijk)

HOOFDSTUK 16

Het ademhalingsstelsel

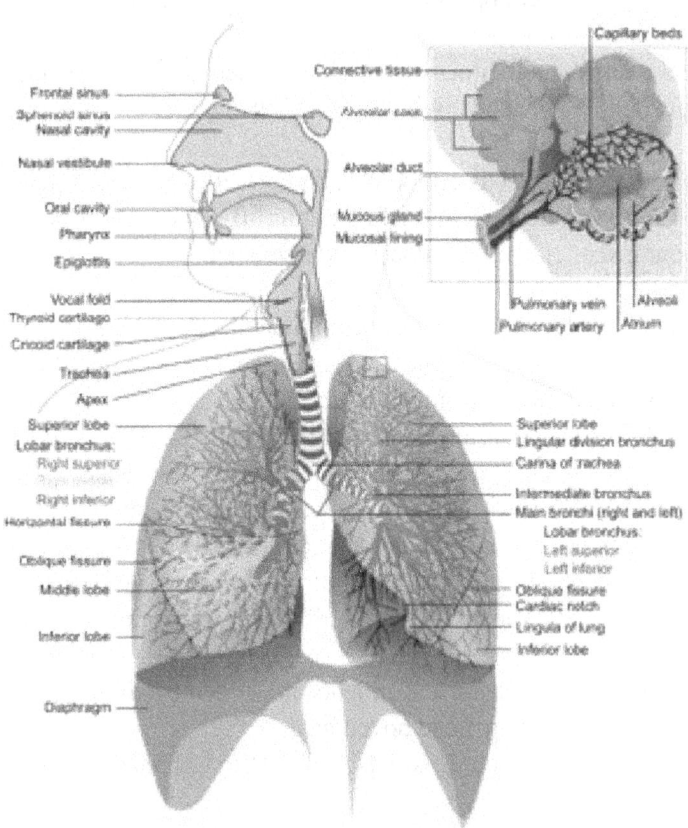
Frontal sinus
Sphenoid sinus
Nasal cavity
Nasal vestibule
Oral cavity
Pharynx
Epiglottis
Vocal fold
Thyroid cartilage
Cricoid cartilage
Trachea
Apex
Superior lobe
Lobar bronchus:
Right superior
Right inferior
Horizontal fissure
Oblique fissure
Middle lobe
Inferior lobe
Diaphragm
Connective tissue
Alveolar duct
Mucous gland
Mucosal lining
Capillary beds
Pulmonary vein
Pulmonary artery
Alveoli
Atrium
Superior lobe
Lingular division bronchus
Intermediate bronchus
Main bronchi (right and left)
Lobar bronchus:
Left superior
Left inferior
Oblique fissure
Cardiac notch
Lingula of lung
Inferior lobe

Het ademhalingsstelsel is het anatomische systeem van organen welke ademhalingsstoffen en gassen naar binnen brengt en doet aan gasuitwisseling. In het menselijke lichaam en dat van andere zoogdieren, bestaat dit systeem uit luchtwegen, longen, en de ademhalingsspieren.

Longen:

De longen zijn een vitaal onderdeel dat bijdraagt tot de overleving van het lichaam. Het ademhalingsstelsel brengt de nodige gassen in het lichaam om getransporteerd te worden doorheen het bloed. Zonder de mogelijkheid om lucht (zuurstof) in het lichaam te brengen, zou het lichaam sterven. Als we kijken naar de functie die de longen hebben voor het lichaam, is het een kleine stap naar het begrip voor het metafysische betekenis aangaande ontvangen boodschappen.

Longen zijn een weergave voor "ademtocht van het leven." Van het "in de flow van het leven zijn". Problemen aangaande de longen zijn een aanwijzing naar een angst om te leven. Een verlies van vreugde in je leven. Er is geen leven aanwezig in je leven. Je probeert dit leven te stoppen. Met andere woorden, je wil niet leven.

Longkanker – kwaadheid rond een levenssituatie. Niet willen leven.

Sinussen – Problemen, met name druk, in dit gebied duidt op een druk van een persoon dichtbij je. Mij werd altijd duidelijk dat het vanuit jezelf komt… In andere woorden, je oefent deze druk zelf uit. Misschien lijd je onder deadlines die je jezelf stelde. Dit kan zich uiten als "druk" in je gezicht.

Verkoudheden/Griep – Je kan over iets niet beslissen, je moet een beslissing maken. Je bent geneigd dit uit te stellen. Het is ook een manier om je te dwingen te rusten.

Astma – (vermindert de luchtcirculatie) – zich beperkt voelen, verstikt door anderen of door situaties; men voelt zich niet toegestaan "te ademen". Vele malen wordt de oorzaak hieromtrent gevonden in een vorig leven. Doorgaans heeft dit te maken met hoe je stierf in een ander leven, wurging, verdrinking of andere manier van verstikking. Eenmaal de oorzaak is uitgedokterd, zal de astma verdwijnen.

In een van Dolores haar sessies had het OB (hogere ik) dit te vertellen over astma:

P: Dat is een label dat niet overeenkomt met een accurate beschrijving. Het heeft veel te maken met de keuze om zich vast te voelen, vastgezet, in het geven van liefde. Omdat, hoe hij "doen" begrijpt, in een staat van "zijn" is waarbij hij in staat is om zijn liefde te delen met anderen. En de sociale dynamiek waarbij liefde geven bij de eerste ontmoeting niet ok is, is lulkoek. En hij weet dit. Geef alles wat je te geven hebt, elk moment.

D: Hij geloofde dat de astma echt is.

P: Het woord heeft geen nut meer. Dit zal zijn feedback zijn. Hij ontwikkelde soms ook een longontsteking, dit was wanneer hij er erg hard voor terugdeinsde om liefde te geven. Toen hij zich het meeste vast voelde zitten, de minst vrije momenten in zijn leven.

Het OB ging dan verder met het helen van het lichaam.

P: Het moet worden correct afgesteld. Het is gewoon uit evenwicht. We geven het geluiden en symbolische codes, deze zullen resoneren en zo alles weer op punt stellen zoals het moet. Zolang hij het volhoudt. Dat is nog een grote les die hij moet leren in zijn leven. Om door te zetten wat hij zelf zei dat hij ging doen. Hij kent die termen erg goed. (uitleg over voedsel). Het meest effectieve dat hij uit zijn dieet is kaas. En hij vindt kaas erg lekker, dus dit gaat hem tegen de borst stuiten. Het bevat teveel straling voor zijn lichaam. Melkproducten bevatten een enorme hoeveelheid aan straling. Koude pasteurisatie is niet goed.

"Ze" hebben herhaaldelijk gezegd dat "levend" voedsel de beste zijn om te consumeren. Dit betekent dus vers fruit en groenten.

HOOFDSTUK 17

Het zintuiglijk waarnemingssysteem

Zicht – ogen:

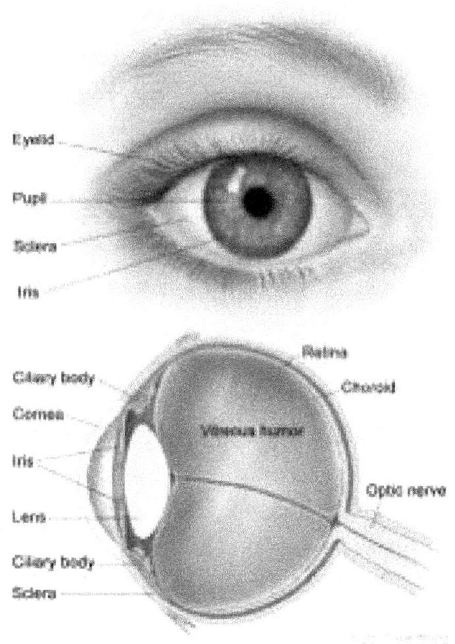

Het menselijke oog is een orgaan dat reageert op licht. Dit met verschillende doeleinden. Het oog is een zintuiglijk orgaan dat ons de capaciteit van visie geeft. Rod en kegelcellen in de retina staat in voor onze lichtperceptie en zicht. Hiertoe behoren ook het onderscheiden van kleur en het waarnemen van diepte. Het menselijke oog kan ongeveer 10 miljoen verschillende kleuren onderscheiden.

De ogen worden gebruikt om te "zien". Dit kan gaan over het zien binnen deze dimensie of in andere of binnen een huidige situatie. Het woord "zien" wordt vaak gebruikt om een zeker "begrip" aan te duiden. Omwille hiervan gaat het bij problemen met de ogen vaker wel dan niet over iets dat je niet kan inzien, iets dat je niet begrijpt (hetzij door eigen keuze of verwarring). Meestal zal de boodschap een variatie zijn op de capaciteit om te zien wat er gaande is, wat er aan de hand is.

Blurred zicht – Er is angst of ontkenning en je wenst je situatie niet helder in te zien. Je bent bang van wat je dan wel zal zien eens je het toelaat. Je wil de realiteit in zijn scherpte "verzachten".

Nearziendheid – (de mogelijkheid om dingen goed waar te nemen van dichtbij, maar niet verderaf.) Er is angst naar de toekomst toe, naar wat er nog komen zal. Vaak is deze voorzichtigheid gelinkt aan onaangename zaken die gebeurd zijn in het heden, dus je probeert jezelf te vrijwaren van mogelijke verdere onaangenaamheden in te toekomst. Op een onbewust niveau, weten we dat er grote veranderingen aankomen, en velen zijn nogal terughoudend om dit te willen inzien. We neigen te reageren vanuit angst op iets dat ons onbekend is. Als het op veranderen aankomt, zetten we ons vaker schrap dan dat we erin meegaan.

Far-sighted – (de capaciteit om veraf goed waar te nemen, maar dichterbij niet.) Wat wil je op dit moment in je leven niet zien. Je hebt een angst om je situatie huidig helder te zien. Je denkt dat de zaken later beter gaan zijn en je wil niet echt kijken naar de huidige situatie. Er is een onwil, een angst om dingen te zien hoe ze werkelijk zijn.

Double vision – Nog een manier om niet te hoeven focussen op wat zich recht voor je bevindt. Je wil de realiteit ietwat vervormen zodat het makkelijker is om mee om te gaan.

Staar – Er is een graduele vervaging van wat je ziet. Dit geeft een indicatie naar een opdringerige boodschap, die dringender wordt. Iets, een situatie die je moet (in)zien. Dit is al een tijd gaande en je hebt de boodschap nog niet begrepen.

Glaucoma – Dit lijkt mij een ontkenning van wat wordt waargenomen. Men wil niet geconfronteerd worden met wat er aan het gebeuren is, een complete mist zet zich zo over de realiteit van de situatie.

Gehoor

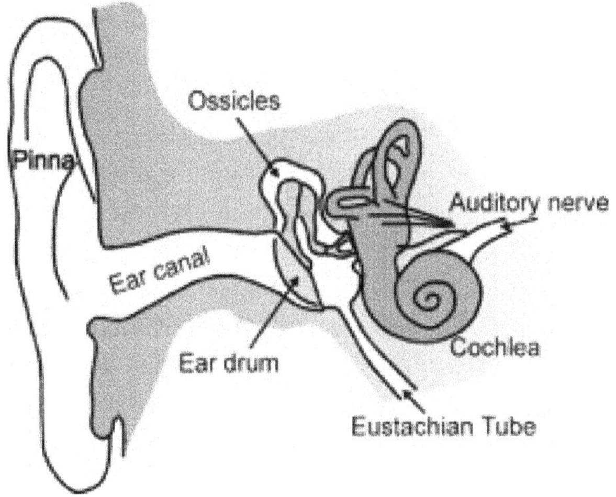

Oren:

De oren zijn de vertegenwoordiging van horen. Het type probleem dat je hebt met het gehoor zal duiden op een probleem met het horen van iets. Het kan gaan over het luisteren naar interne hints, of naar anderen. We kunnen een heel koppig kantje hebben als mens zijnde. Onze gidsen proberen ons constant te bereiken. Vele malen, als ik mijn derde oog gebruik om iets waar te nemen, zie ik een gids bij mijn oor, hard proberende zich kenbaar te maken. Het is me vele malen verteld dat we moeten kijken met andere ogen, en luisteren met andere oren. Dit wil zeggen dat we vanuit onze interne sensoren moeten waarnemen en dus niet de fysieke tegenhangers. Deze tegenhangers worden gebruikt om de boodschap over te brengen. Ze zijn een uitstekende symbolisering van de boodschap.

Moeilijkheid om te horen – hoorverlies – Wat wens je niet te horen? Dit kan gaan over nu, (links) of het verleden (rechts). Het kan ook gaan over een weerstand om je innerlijke gids te horen. Andere betekenissen zijn dat je niet echt wil luisteren naar anderen, of je het niet leuk vindt om verteld te worden wat te doen. (Hier tref ik zelf wat schuld).

Jeukende of brandende sensatie van de oren – Dit is een irritatie aan de oren. Het kan gaan over een negatief geladen 'zelfpraat' of het niet willen horen van iets (misschien is iets erg irritant om te horen) in het verleden of heden, afhankelijk van welk oor het is. Een conflict in wat je hoort. Het kan zijn dat iemand je iets vertelt wat niet klopt met wat je hoort of ziet.

Suizingen in de oren (tinnitus) – een frequentie aanpassing – een oproep om je frequentie te verhogen. Je kan vragen of de aangeboden energie op een lager pitje wordt gezet, of je moet je eigen vibratie verhogen zodanig dat je erop afgestemd bent. Je brengt je vibratie naar omhoog door het denken van lichte, hoge vibratie gedachten. "Ik ben God" of "Licht, licht" of "Omhoog, omhoog" zijn goede gedachtes om je energie te verlichten. Je kan op zijn punt ook vragen of de energie naar beneden wordt gebracht door een visualisatie van een draaischijf en deze naar beneden te draaien tot het geluid stopt. Ik besloot hiermee te experimenteren nadat ik vernam dat het een frequentie aanpassing was. De volgende keer dat ik een ringen in mijn oren waarnam, besliste ik om de lichte hoge gedachten toe te passen. Het suizen hield onmiddellijk op. Ik dacht vroeger dat er iets definieerbaars zou meekomen met het suizen, maar dat is nog niet gebeurd. Het verdwijnt gewoon en ik neem aan dat dat samenhangt met het omhoog brengen van mijn frequentie.

Geurzin – Neus:

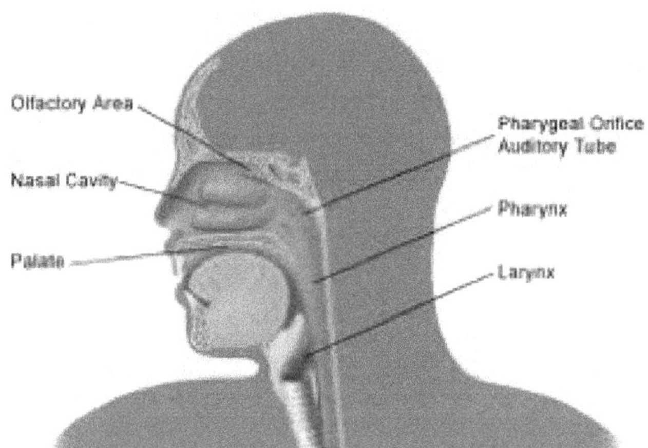

Alles dat te maken heeft met de neus geeft aan dat het gaat over iets recht voor je. Iets zo dichtbij, het kan gewoon niet dichterbij je zijn. “Het raakt je vol op de neus”…

Een andere betekenis kan gaan over het feit dat je “je neus steekt waar het niet hoort”, dat je je teveel moeit met andermans zaken. Het gaat je nauw aan het hart, daarom toont het zich zo dichtbij je.

Een voorbeeld dat Dolores had tijdens een sessie was met iemand die, in een ander leven, stinkende drankjes maakte van kruiden en planten. In dit huidige leven was ze vrij tot zeer ziekelijk, en haar grootmoeder maakte een drankje van kruiden om haar te helpen.

De geur hiervan bracht herinneringen terug van de verschrikkelijke geuren in dit andere leven. Omdat deze onaangename geuren bepaalde herinneringen wekten, stopte haar geurzin met werken. Toen men eenmaal het uitgezocht waar deze informatie vandaan kwam, werd de gevoeligheid voor geuren in het andere leven gelaten, dus haar geurzin in dit leven kon terugkeren.

Een ander voorbeeld van een boodschap die men via de neus levert: Ik zag een oude kennis en die had een pleister op zijn neus.

Ik vroeg wat er was gebeurd en hij zei dat hij een klein beetje huidkanker had laten weghalen. Deze man was erg moe geworden in zijn professionele leven in dit huidige leven. Hij wist dat hij wat zaken ging moeten veranderen in had dit nog niet toegepast. Ik kreeg de boodschap door dat het nu “voor zijn neus” stond en hij er wel mee moest omgaan. Dat de oplossing zo helder was “als het puntje van zijn neus”. Toen ik hier verder met hem over praatte, zei hij dat hij effectief een oplossing had, maar dat hij deze slechts binnen een aantal maanden kon bewerkstelligen. Ik ben er zeker van dat, eens hij actie kon ondernemen, zijn neus verbeterde.

Eens de boodschap is ontvangen, begrepen en men ernaar handelt, bestaat de nood voor de boodschap niet meer.

Hoofdstuk 18

Het urinewegstelsel

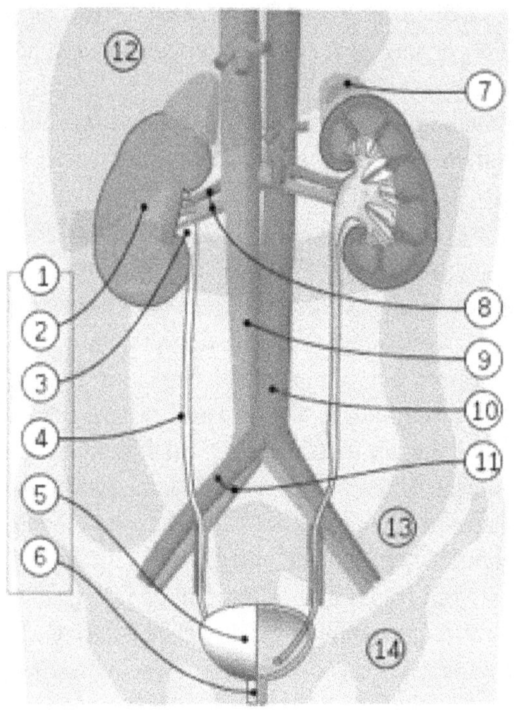

1. Menselijke urinestelsel: 2. Nier, 3. Renal Pelvis – 4. Plasbuis 5. Urineblaas 6. Urethra (linkse zijnde met frontale sectie 7. Adrenal klier vaten 8. Renal artery en ader 9. Inferior vena cava 10. Abdominal aorta 11. Common iliac artery and vein 12. Lever 13. Dike darm 14. Schaambeen

De nieren spelen een essentiële rol bij het urinesysteem en verschaffen ook verscheidene homeostatische functie, zoals de regulering van elektrolyten, het onderhouden van de zuur-base evenwichtsverhouding en de regulering van bloeddruk (aan de hand van het onderhoud van zout en de waterbalans). Ze dienen het lichaam als een natuurlijke filter van het bloed, en verwijderen afvalstoffen die dan worden afgeleid naar de urineblaas. Bij het produceren van urine scheiden de nieren afvalstoffen uit zoals urea en ammoniak, de nieren zijn ook verantwoordelijk voor de reabsorptie van water, glucose en aminozuren. De nieren zijn ook verantwoordelijk voor de productie van hormonen, waaronder calcitrol, erythropoietin, en het enzym renin.

Elke nier scheidt urine af in de ureter, wat op zichzelf een structuur is die gepaard is met de urineblaas waarin de afvalstoffen terecht komen.

De urineblaas is het orgaan dat de urine, uitgescheiden door de nieren, verzameld alvorens het lichaam zich ervan ontdoet door urinering.

Het urinewegstelsel wordt voornamelijk gebruikt ter eliminatie van afvalproducten uit het lichaam, om het lichaam in balans te houden. Als het werd toegestaan afvalproducten op te slaan in het lichaam, zou het een beetje zijn zoals je afval in je huis laten staan. Het zou ruiken en ontbinden, wat op zijn beurt weer toxische stoffen zou veroorzaken die op zich weer schadelijk kunnen zijn voor je bestaan. De nieren filteren al het bloed dat doorheen het lichaam vloeit. De nieren houden het lichaam in balans met als onderscheidende factor dat het ook je leven in balans houdt. Ze worden gebruikt om zaken weg te filteren die niet goed zijn voor ons.

Als er iets fout gaat binnen in dit stelsel (nieren, blaas, etc), kan dit een aanwijzing zijn naar een probleem met een giftige situatie of verspilling in je leven. Omdat dit stelsel of deze organen zich voornamelijk bezighouden met afvalproducten en toxische stoffen (zie dunne darm en lever) zal het gaan over vergelijkbare betekenissen qua boodschap. Als het probleem met een van deze organen te maken heeft met de frequentie van loslaten (in andere woorden, regelmatige urinering of diarree in de darmen), dan heeft het te maken met iemand die je uit je leven wil. Je wil deze toxische situatie graag loslaten. Je weet dat het niet goed voor je is, niet gezond voor je is, en je probeert eruit te raken. Het tegenovergestelde is waar als je symptomen hebt die neigen naar een gebrek aan capaciteit om te "gaan". Dan is de boodschap eerder dat je probeert vast te houden aan een voor jou giftige situatie. Als er sprake is van een infectie, gaat het alweer over het niet loslaten van wat moet worden afgeschud, het toont je dat dit niet samengaat met jou en je leven. De boodschappen zijn luid en duidelijk: de situatie waaraan je vasthoudt is zeer ongezond voor je.

Nier / Leverziektes – Eerst en vooral, haal de toxische stoffen uit je lichaam. Ten tweede, wat is je leven aan het vergiftigen? Wat probeer je eruit weg te werken?

Hoofdstuk 19

Chakra's

Ik was in Engeland voor een nabehandeling rond een atlas profilax procedure. Een Atlasprofilax is een strategische massage, niet te verwarren met een chiropractor, Dit wordt toegepast op de korte spieren van de nek of het zachte weefsel dat de Atlas op zijn plek houdt. Het doel hiervan is het veilig terugbrengen van de Atlas naar diens correcte positie. Dit vindt allemaal plaats in een handeling. Oude patronen worden uitgeklaard en het gehele systeem begint te functioneren op volle vermogen. Deze revolutionaire methode werd ontwikkeld door R C Schumperli tussen 1993 en1996. Dit is niet voor iedereen weggelegd. Ik had er een goed gevoel en er ging een zekere aantrekkingskracht uit van de procedure. Tijdens de behandeling werd duidelijk dat ik nog met wat overbijvende problemen kampte ter hoogte van mijn middenrug / ruggengraat. Ik zoek altijd naar de onderliggende boodschap dus begon ik mezelf de vraag te stellen wat dit gebied dan voorstelde. Dit was een streek in de rug waar ik me voorheen nog niet op had toegespitst. Ik had al boodschappen ontvangen rond de schouders en bovenste deel van de rug zowel als onderrug. Tot nog toe nog niks voor de middenrug. Toen ik de vraag stelde wat dit zou kunnen betekenen ontving ik boodschap "Herinner je de chakra's". Welke chakra bevond zich in dat gebied? Toen realiseerde ik me dat de solar plexus chakra zich recht tegenover dat deel van de rug bevindt. Deze chakra is verbonden met je persoonlijke kracht. Toen ik hier verder over nadacht, werd me meegedeeld dat het de bedoeling was dat ik m'n persoonlijke kracht moest erkennen. Ik had hier veel weerstand tegen, dus dit zorgde ervoor dat de puzzel duidelijk werd. Het was de bedoeling dat ik de chakra's een plaats gaf in dit boek aangezien ze een erg belangrijke rol spelen bij het begrijpen van de boodschappen die het lichaam levert.

Mijn kennis rond de chakra's is beperkt. Ik weet dat de er zeven basischakra's bestaan, hun kleuren en heb een idee over wat ze betekenen. Het was duidelijk dat ik nog wat nader onderzoek moest doen als ik iets intelligents wou zeggen over dit onderwerp. Zodoende struinde ik het internet af om licht te werpen op hoe dit paste bij deze manier van denken rond genezing. Ik weet dat het belangrijk is dat de chakra's in balans zijn, en draaiende, maar wat wil dit eigenlijk zeggen?

Ik was stomverbaasd door wat ik vond. Het blijft me verbazen hoe alles samenhangt en geconnecteerd is. Er waren enkele bronnen die de informatie verdeelden en toonden welke fysieke ongemakken je misschien kan ondervinden als een chakra uit balans is. Je zal zo meteen zien wat ik bedoel, maar eerst volgt hier was basisinformatie over wat een chakra is, en wat het doet.

De wetenschappelijke studie rond chakra's is enorm oud. Ze worden eerst vermeld in de Veda's, dit zijn oude Hindoe teksten van kennis. Er kan heel diep en gedetailleerd worden ingegaan op deze kennis, maar we hebben hier niet zoveel informatie nodig om hun rol te begrijpen. Er is een onschatbare bron aan informatie in de vorm van lessen, sites, boeken en dergelijke meer als je je geroepen zou voelen.

Definitie volgens About.com – *Holistisch Helen door Phylameana lila Desy: Chakra's zijn onze energiecentra. Ze zijn de openingen waardoor heen levensenergie in uit het aura stroomt. Hun functie bestaat uit het vitaliseren van het lichaam en de ontwikkeling van zelfbewustzijn stimuleren. Ze worden in verband gebracht met onze fysieke, mentale en emotionele interacties. Er zijn zeven hoofdchakra's. De eerst (root) bevindt zich buiten het lichaam, tussen de dijen, ongeveer halverwege tussen je knieën en je fysieke lichaam. De zevende chakra (kroon) bevindt zich bovenaan je hoofd. De overblijvende chakra's (sacrale, solar plexus, hart, keel en derde oog), bevinden zich opeenvolgend langs je ruggengraat, nek en schedel. De chakra's zien er ongeveer uit als driehoeken met een opening. Chakra's zijn onzichtbaar voor het menselijke oog, maar ze kunnen worden waargenomen door energiewerkers.*

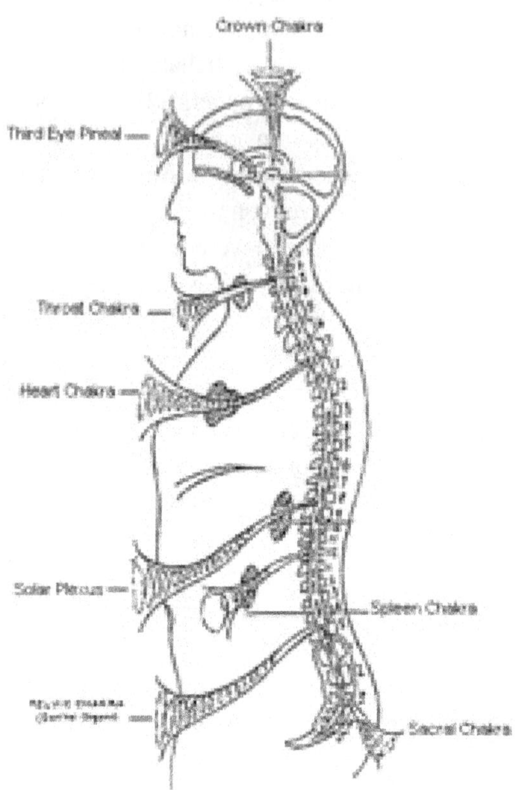

Het aura is het energieveld dat zich rond elk individu bevindt. We hebben allemaal zo'n energieveld en deze chakra's zijn de verschillende punten waar de energie binnen en buiten vloeit. Als je ziek bent, of je hebt weinig energie kan er zeker van zijn dat een of meerdere van je chakra's niet op volle capaciteit functioneert. Het is niet de ziekte die dit veroorzaakt, het is de lage energie toevoer die de ziekte veroorzaakt. Er zijn vele zaken die een vermindering in energietoevoer kunnen veroorzaken en ik ga hier later in het hoofdstuk op ingaan.

Heather Stuart schreef het volgende erover in haar boek, "How to Hear Source in the Supermarket."

Als je chakra's uit balans zijn of verstopt, zijn er doorgaans enkele fysieke symptomen die gepaard gaan met dit gebrek aan balans. Deze onevenwichtigheden kunnen tijdelijk voorkomen of chronisch worden.

Ze kunnen ontstaan vanuit huidige situaties, familie, cultuur, vorige levens of andere oude bagage die je nog niet hebt losgelaten. Je chakra's kunnen te weinig of te veel activiteit vertonen. Denk bijvoorbeeld aan een persoon die depressief is met hangende schouders – hun hart chakra kan een gebrek aan activiteit hebben of zelfs gesloten zijn. Of, denkende aan een persoon die te veel praat en zelden luistert, het kan een overactieve keelchakra zijn.

Crystalinks.com (metafysisca en wetenschapssite) zeg het volgende over chakra's.

Chakra betekent wiel in het Sanskriet. Bewustzijn en energie bewegen zich tussen frequentie in de vorm van een spiraal. Het lichaam heeft bepaalde energiecentra die eruitzien als draaiende wielen en welke chakra's worden genoemd. Ze faciliteren de beweging van energie vanuit het ene deel van het lichaam naar het andere. Zoals met alle zaken in onze realiteit, worden ze gelinkt aan geluid, licht en kleur. Genezen gebeurt door het op een lijn te brengen van de chakra's, ze in evenwicht te brengen en zodoende te begrijpen wat de aard van creatie is en jouw aandeel hierin.

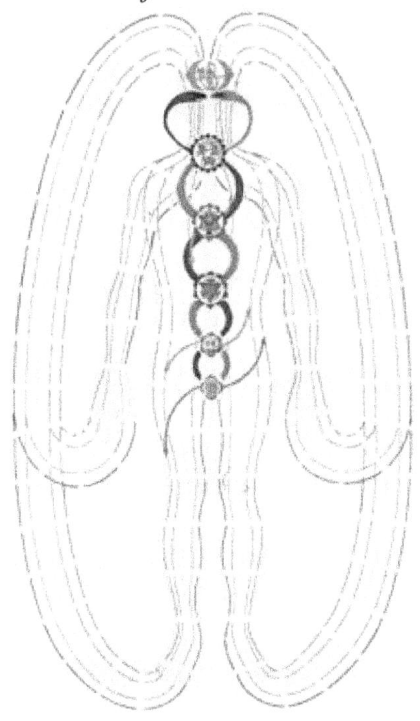

Zoals je kan zien, is het belangrijk om betrekking te tonen bij dit proces. Het kan zelfs een beetje lijken op detective spelen, uitzoeken wat elke nuance je probeert duidelijk te maken.

Van reik-for-holistic-health.com:

De chakra's bevinden zich in een constante draaiende, roterende beweging. Hun activiteit heeft invloed op: lichaamsbouw, processen van de klieren, gedachten en gedrag. Als een (of meerdere) van de chakra's geblokkeerd wordt en de energie niet langer harmonieus vloeit of als het wijd open staat, zal dat resulteren in een gebrek aan balans dat wordt gemanifesteerd op alle levensvlakken. Elke chakra wordt gepresenteerd in het fysieke lichaam in een van de endocriene klieren die fysieke en emotionele processen in het lichaam regelen. Het gebrek aan evenwicht of balans in de chakra wordt dus uitgedrukt in de endocriene klier die ermee gelinkt is.

Dit het deel dat me het meest fascineerde. Elke van de chakra's wordt geassocieerd met een van de endocriene klieren die op zijn beurt weer in verband staat met verschillende lichaamsdelen en fysieke functies. We wisten dat er delen van het lichaam boodschappen doorgaven, maar nu kunnen we dit linken aan de chakra's en het endocriene systeem. Dit geeft validatie aan het boodschapsysteem in zijn geheel!

Er zijn zeven hoofdchakra's die zich bij de centrale lijn van het lichaam bevinden, van de basis van de ruggengraat tot je kruin op je hoofd.

* De Eerste of Wortelchakra (rood)

Deze chakra bevindt zich aan de basis van de ruggengraat en handelt over: overleven, stabiliteit, acceptatie, (zelf)behoud, diepgewortelde zaken, perceptie, aarding, angst en veiligheid. De wortelchakra is met kracht gerelateerd aan ons contact met de Aarde, het voorziet ons van de kans om ons te aarden op deze Aardse frequentie. Dit is ook het centrum van manifestatie. Als je probeert om dingen te laten gebeuren in de materiële wereld, zakelijke wereld of rond materiële bezittingen zal de energie om te slagen komen vanuit de eerste chakra. De lichaamsdelen die hiermee in verband staan zijn de heupen, benen, onderrug en seksuele organen (mannen). De endocriene klieren die hiermee worden in verband gebracht zijn de Seksuele en Adrenal klieren.

De fysieke gebreken die geassocieerd worden met een onevenwicht in deze chakra zijn: veel ziek zijn, darmproblemen, problemen met de benen, voeten, basis van de ruggengraat (chronische pijn in onderrug), eetproblemen, angst, onzekerheid en frustratie. Overgewicht, anorexia en knie-problemen kunnen voorkomen.

De mogelijke boodschappen vanuit deze chakra kunnen zijn: basis van de ruggengraat = basis van het probleem, stabiliteit. Benen en voeten = diepgeworteldheid; angst om te bewegen; onmogelijkheid tot aarden. Problemen met darmen / eten = accepteren, overleven, vasthouden aan of het elimineren van iets in het leven.

* De twee of sacrale Chakra (oranje)

Deze chakra bevindt zich enkele centimeters onder de navel en geeft als onderwerp: seksualiteit, emoties, financiële, creativiteit, eer en ethiek. Het beheert je zin van zelfwaarde, je vertrouwen in je eigen creativiteit en je mogelijkheid om om te gaan met anderen op een open en vriendelijke manier. De lichaamsdelen van deze chakra zijn: de seksuele organen (vrouwen), nieren, blaas en grote darm. De klier die hiermee in verband staat is de Pancreas.

De fysieke gebreken die gepaard gaan met een gebrek aan evenwicht of blokkade van deze chakra zijn: seksuele problemen, problemen met de voortplantingsorganen, spleen, urinestelsel, verlies van zin in eten, seks, leven, chronische pijn aan de onderrug, sciatica, je emotioneel explosief voelen, manipulatief zijn, zwakte van de nieren, spierspasmen.

De onderbuik is waar we geneigd zijn onze emoties vast te houden. Ze raken zo geblokkeerd en veroorzaken problemen met de spijsvertering. De nieren, darmen en blaas worden allemaal ingezet om afval en giftige stoffen te elimineren uit het lichaam = slecht functioneren hiervan kan duiden op een verlangen om iets giftigs te verwijderen. Dit kan gaan over een situatie, gewoonte of dergelijke, iets giftigs dat moet worden verwijderd uit iemands leven.

Verstopping duidt aan dat iemand vasthoudt aan een bepaalde situatie en niet in staat is dit los te laten.

* De derde of solar plexus chakra (geel)

Deze chakra kan je vinden op enkele centimeters onder het borstbeen in het centrum, achter de maag. De derde chakra is het centrum van je persoonlijke kracht, de plek van het ego, van passies, impulsen, kwaadheid en kracht. De lichaamsdelen die hiermee verband houden zijn de maag, de lever, galblaas, pancreas en dunne darm. De klieren die hiermee connectie hebben zijn de pancreas en de adrenal.

Als deze chakra niet meer in balans is of geblokkeerd kan je last hebben van een gebrek aan zelfvertrouwen, in de war zijn, je zorgen maken over wat anderen denken, het gevoel hebben dat anderen je leven controleren, je kan zelfs depressief zijn. Fysieke problemen kunnen zich uiten als moeilijkheden hebben met de spijsvertering. Zo kunnen er problemen zijn met de darmen, anorexia of boulimie, pancreatitis, leverproblemen, diabetes, nervous uitgeputheid en voedselallergieën.

Aangezien dit gelegen is in de buikstreek waar we geneigd zijn onze emoties rond te dragen en al dan niet op te slaan, kunnen de boodschappen misschien gaan over loslaten van de emoties die worden vastgehouden in dit gebied. Of het is een schop onder je kont om in je persoonlijk kracht te stappen en deze niet weg te geven. Pijn in de midden van de rug kan een teken zijn van conflict rond je eigen perceptie van je eigen kracht.

* De vierde chakra of hartchakra (groen)

Deze chakra bevindt zich in het borstbeen, en op de ruggengraat ter hoogte van de schouderbladen. Dit is het centrum, de hoofdzetel, van de emoties. Het is het centrum van liefde, mededogen en spiritualiteit. Dit centrum geeft richting aan iemands capaciteit om zichzelf en anderen lief te hebben, om liefde te ontvangen zowel als te geven. Het is ook de chakra die het lichaam samen met de geest in connectie brengt tot spirit (Hogere Ik). De lichaamsdelen die verband houden met deze chakra zijn het hart, longen, bloedvaten, schouders en bovenste deel van de rug. De klier die hiermee verband houdt is de Thymusklier.

Als er zich rondom deze chakra een onevenwicht bevindt, kan je misschien last hebben van zelfmedelijden, paranoia, problemen met beslissingen nemen, angst hebben om dingen te laten gaan, angst hebben om gekwetst te raken, jezelf niet waardig achtig om liefde te ontvangen. Enkele fysieke ongemakken die hiermee gepaard kunnen gaan zijn: problemen met het hart, longen, thymus, borst, armen, astma, allergieën, bloedsomloop, immuniteitsziektes en spanning tussen de schouderbladen.

Het hart is de hoofdzetel van de emoties en waar we liefde waarnemen. Problemen met het hart duiden op een gebrek aan liefde in iemands leven of een gebrek aan liefde voor leven. De longen bevinden zich ook in deze regio en duiden op een angst om te leven. De longen zijn de vertegenwoordiging van de "levensadem", dus problemen in dit gebied zijn een eventuele aanwijzing naar een beperking in leven. Het type probleem zal je verder wegwijs maken naar de eigenlijke inhoud van de boodschap. Er is een groot deel te wijten aan angst als de longen erbij betrokken zijn.

* De vijfde of keelchakra (blauw)

Deze vijfde chakra bevindt zich in de V van het sleutelbeen, onderaan de hals en is het centrum van communicatie, geluid en expressie van creativiteit via gedachtes, spraak en schrijven. De lichaamsdelen die hiermee in contact staan zijn de keel, nek, tanden, oren en thyroid klier. De endocriene klieren die hieronder vallen zijn de thryoid en parathyroid.

Als deze chakra wordt geblokkeerd is, of uit balans, kan je je soms terughoudend voelen, of timide, stil zijn, zwakjes of niet het gevoel hebben dat je je gedachten kan uitdrukken. Fysieke ongemak dat hiermee gepaard kan gaan: problemen met de thyroid, oorinfecties of andere problemen in dit gebied, een hese of pijnlijke keel, mondzweren, tandvleesproblemen, scoliose, laryngitis, gezwollen klieren, hoofdpijn, pijn in de nek en schouders.

Wat dan ook in dit gebied duidt op een nood om zich uit te spreken of de waarheid te zegen. Er is iets dat je moet zeggen, maar je bent bang om dit te doen.

* De zesde chakra of derde oog chakra (donkerblauw)

De zesde chakra bevindt zich boven de fysieke ogen, in het midden van het voorhoofd. Dit is het centrum voor onze fysieke capaciteiten, hogere intuïtie, de energie van je Hogere Ik en light. Met de kracht van de zesde chakra, kan je leiding ontvangen, kanaliseren en jezelf afstellen op je Hogere Ik. De lichaamsdelen die hiermee verband houden zijn: de ogen, het gezicht, het brein en het lymfesysteem zowel als het endocriene systeem. De endocriene klieren die hiermee geassocieerd worden zijn de pituitary en de pineal klier.

Als deze zesde chakra geblokkeerd wordt of uit balans is, kan je een gebrek aan assertiviteit vertonen, bang zijn van succes, of de tegenovergestelde richting uitgaan en egocentrisch zijn verkiest. Fysieke ongemakken zijn onder andere: hoofdpijn, problemen met oog of oren, problemen met sinussen of neus, een hersentumor, neurologische gebreken, aanvallen, leermoeilijkheden.

Ook de ogen en oren horen hierbij, als hiermee een probleem is duidt dat op het niet willen horen of zien van iets. De neus, sinussen en het brein vertellen je dat het gaat over iets dat dichtbij je is (misschien jezelf). Het geeft aan dat er een zekere druk wordt uitgeoefend op deadlines. Het brein kan gelinkt zijn aan kwaadheid of verwerping van andermans spirituele en innerlijke ontwikkeling. Het kan ook verband houden met je eigen gebrek, of vertraging aan groei, aan wat je "verwachtte" dat zou gebeuren. Het is goed om hierbij te onthouden dat het geen wedstrijd is. We ontwikkelen allemaal aan ons eigen tempo en met onze eigen gaven en capaciteiten.

* De zevende of kroonchakra (paars)

Deze chakra bevindt zich net achter het topje van je schedel. Het is het centrum voor spiritualiteit, verlichting, dynamische gedachtes en energie. Het staat toe dat er wijsheid naar binnen toe stroomt en geeft ons de gave van kosmisch bewustzijn.

Als de kroonchakra geblokkeerd wordt of uit balans is, kan er een constante aanwezigheid van frustratie zijn. Geen vreugdevonk en destructieve gevoelens. De ziektebeelden hierbij zijn dan migraine hoofdpijnen en depressie. We kunnen er ook energetische ziektes, hersentumoren, geheugenverlies en dergelijke vinden. Ook een gevoeligheid voor licht, geluid en andere omgevingsfactoren.

Hoofdstuk 20

Ongelukken

Ongelukken zijn nooit zomaar ongelukken. Ze leveren boodschappen, net zoals ziektes. Als je de boodschap niet hoort die worden geleverd, zal je merken dat er sterkere manieren worden gevonden om dit over te brengen. Het is waarschijnlijk een belangrijke boodschap als je het idee hebt dat je tot deze maatregelen moet overgaan. Misschien ben je heel erg koppig en heb je een krachtiger medium nodig dan een vriendelijk tikje op de schouder.

Het is de bedoeling dat we ongelukken op dezelfde manier beschouwen als symptomen in het lichaam om er zo achter te komen wat de effectieve boodschap inhoudt. Het wordt me nu meegedeeld dat ik ze beter "boodschap incidenten" noem dan louter ongelukken. Hmm, dat is interessant – het stelt het wel hoe het is. Neem het lichaamsdeel in beschouwing dat erbij betrokken is en dat zal het begin van je antwoord zijn.

Sommige verschillende types ongelukken die mensen ondervinden zijn: uitglijden en vallen, een snee en blauwe plekken, ergens tegenaan lopen en een lichaamsdeel (doorgaans vingers) pletten tussen een deur, raam of met een hamer. Ik weet dat er waarschijnlijk nog een ton zijn die je zo kan bedenken maar deze volstaan momenteel om je een idee te geven van hoe de boodschappen in zijn werk gaan.

Het eerste waar ik aan denk bij iemand die valt, is het gevoel van niet op vaste grond te staan. De grond onder me is geen stevige basis. Misschien gaat het ook over een gebrek aan toewijding bij een gekozen actie of richting.

Vallen duidt op een verlies van balans, of de grond, je fundering, is niet stabiel genoeg. Je kan er niet op leunen. Misschien voel je je onzeker in je beslissingen. Bijvoorbeeld "je hebt geen poot om op te staan" – Wow, deze is op meerdere zaken toepasbaar. Zie je hoe letterlijk deze zaken zijn? Het verbaast me telkens opnieuw. Bedenk je gewoon wat er gaande was op het moment van het ongeluk om een duidelijker beeld te verkrijgen.

Sneetjes duiden op een breuk in je barrière. Je huid is de beschermer van je lichaam en het ligt nu open. Het kan ook duiden op een gevoel van kwetsbaarheid.

Botsen tegen dingen is een hint dat je moet vertragen en meer aandacht moet besteden aan waar je heen gaat, aan het leven algemeen gesproken. "Ze" zeggen herhaaldelijk dat we moeten "stoppen en de rozen ruiken – breng meer vreugde in je leven." Dit kan een soortgelijke boodschap zijn.

Het verpletteren van lichaamsdelen is wel een heel krachtige manier om je aandacht te trekken. Zoals in bepaalde boodschappen willen ze dat je stopt en luistert. Misschien is dat zo'n type bericht. Het kan ook een aanporring zijn om het trager te doen en aandacht te besteden aan kleine zaken, zoals met het ergens tegenaan lopen het geval is.

Vele van onze "boodschap incidenten" gebeuren als we in onze "automatische" modus zijn. Als je hier even bij stilstaat, onze auto is ons voertuig om ons van punt A naar punt B te brengen. Er is nagenoeg geen verschil met je lichaam doet voor je ziel. Het moet dus geen al te grote verassing wezen dat we ook op deze manier boodschappen doorkrijgen.

Als er iemand achteraan je auto tegen je aan botst, is de boodschap waarschijnlijk dat je "vooruit" moet. "Je zit vast en je beweegt niet" – het probeert gewoon om je van de plek van besluiteloosheid weg te krijgen. Soms geven we onszelf zovele opties dat we bang worden om er eentje te kiezen, dat is wanneer we vast komen te zitten. Op zo'n moment is enigerlei beweging beter dan geen beweging. Eenmaal je de energie in beweging brengt (zelfs al is het in een verkeerde richting), zal je in de juiste richting worden geleid aangezien niks kan gebeuren vanuit een "ik zit vast" modus. Ik hoorde ooit de stelling, vele jaren geleden, dat me altijd is bijgebleven. Ik volg het niet op de letter, maar ik word er op dit moment aan herinnerd. De stelling is, "In plaats van altijd de "juiste" beslissing te nemen, neem gewoon een beslissing en maak het erna "juist". Dit wil zoveel zeggen als, doe iets, en aan de hand van die beweging, zal duidelijk worden wat je erna moet doen. We raken enkel verlamd door een gebrek aan besluitvaardigheid wanneer we het juiste proberen te doen vooraleer we "iets" doen.

Geraakt worden langs "de voorkant" of van enigerlei kant is waarschijnlijk de boodschap dat je volledig van de koers bent en dat je jezelf moet verschuiven, terug op koers komen. Er zijn vele berichten die dit willen overbrengen. Wat we voor onszelf het meeste willen bewerkstelligen, is de koers behouden. Het kan je misschien opvallen dat dit type ongeluk je niet probeert te "stoppen". Het probeert ons op het puntje van onze stoel te brengen, het wijst aan dat we wat van de koers zijn en dat we herinnering nodig hebben.

Ik zou een rechtstreekse botsing beschouwen als ons tegenhouden op het gekozen pad.

De ernst van deze ongelukken zal je de mate van haast vertellen waarin de boodschap wordt overgebracht. Het is natuurlijk beter om de boodschappen eerder te krijgen, aangezien ze exponentieel zullen verergeren tot je "het snap". We kunnen soms erg koppig zijn, vandaar de nood voor krachtige boodschappen. Het is mijn hoop dat als meerdere mensen deze manier van communiceren begrijpen, we de nood voor dergelijke "dringende" boodschappen kunnen vermijden.

We kunnen deze lijn van denken doorzetten en onze voertuigen als een verlenging van onszelf beschouwen. Ze leveren ons soortgelijke boodschappen. Zo zijn er verscheidene obstakels die onze voertuigen, met name auto's, durven vertonen.

Mijn eerste gedachte hierbij is "platte band". Wat gebeurt er bij een platte band? Je auto kan zich niet langer verplaatsen. Het zit in zekee zin "vast". Dit lijkt een welgekende boodschap. Het verschil in de linkerzijde of rechterzijde kan meer duiding brengen of het gaat over iets dat huidig gaande is, of iets dat in het verleden gebeurde. Dit is net zoals bij het lichaam. Een zacht ontsnappen van de lucht op de band kan een aanwijzing zijn naar een verlies in beweging, een tragere beweging in de richting die je uit wil.

Enkele andere dingen die gebeuren bij auto's zijn: Niet zien door de vooruit met als oorzaak een gebrek in de ruitenwissers; een olielek met gebrek aan beweging tot gevolg; verlies van grip op de weg en bijgevolg slippen door kale banden; een verlies van remkracht; een gebrek aan startkracht; stoppen en niet meer kunnen starten omdat de versnelling het laat afweten. De lijst kan zo nog even door gaan. Ik hoop dat je een idee krijgt van hoe nauw dit in verband staat met het voorgaande. Naar je auto kijken om zo te bepalen wat er gaande is in je eigen lichaam door middel van vergelijking. Op deze manier zal je objectiever te werk gaan, dat stelt je in staat om dingen helder te begrijpen, met alle emotie verwijderd.

Ik word herinnerd aan twee verschillende cliënten die bij Dolores langskwamen voor een sessie. Ze hadden beiden een "ongeluk" ondervonden en wilden de reden hiervoor achterhalen. De eerste man was een arm kwijt geraakt toen hij in school bezig was met een labo-project. Tijdens de sessie werd uitgedokterd dat hij liever sportte en hier ook in uitblonk. Hij was zodanig goed dat hij bezig was met hier een professionele carrière van te maken. Dit was niet het pad dat hij eerder voor zichzelf had gekozen. Het leek dus de enige manier om hem op zijn eigen gekozen pad te sturen. Het verwijderen van de mogelijkheid om die arm te gebruiken, wat de mogelijkheid tot een toekomst in sport beperkte.

De andere man was een multimiljonair die bezig was met de opbouw van timeshare condominiums over de gehele wereld. Hij was onderweg met een vliegtuig naar een van de werven. Zijn vriend bestuurde het vliegtuigje, een klein tweepersoons toestel. Ze waren bezig met landen. Er was een steile klif op het einde van de landingsbaan. Hij merkte op dat zijn vriend aan iets te hoge snelheid daalde en dacht hier iets van te melden, maar deed dit niet. Met de vingers als vuisten rond het wiel ging hij over de klif, de berg af. De piloot was op slag dood en de cliënt was verlamd aan zijn benen. Hij bracht geruime maanden in het ziekenhuis door en gedurende die tijd was hij niet in staat zijn zaak te leiden. Hij leed zware financiële verliezen. Tijdens de sessie vertelde zijn onderbewustzijn dat hij op weg was naar materialisme en dat dit niet het plan was. Het plan was dat hij zou werken aan zijn spiritualiteit, wat nooit zou gebeurd zijn als hij verder ging op het materialistische pad.

In nog een ander voorval werd een man in elkaar geslagen en gestoken in een steeg om erna voor dood te worden achtergelaten. Hij sleepte zichzelf naar de straat, waar hij werd gevonden en naar een ziekenhuis getransporteerd. Hij wou weten waarom dit was gebeurd en hierbij werd gesteld dat de overvallers zijn beste vrienden waren aan de andere zijde. Ze hadden besloten om hem "terug te halen" indien hij te ver afweek.

Dit zijn harde voorbeelden, ze helpen ons echter wel begrijpen hoever JIJ zelf zal gaan me JEZELF de juiste richting uit te krijgen. Er zijn vele dingen die we tijdens dit proces leren en ervaren. Het is dus altijd een kans tot groei. Vergeet vooral niet om het te beschouwen zonder emotie. Als het enorm belangrijk is dat je een andere richting uitgaat, zal je waarschijnlijk ver gaan om te zorgen dat dit ook daadwerkelijk gebeurt. Er waren waarschijnlijk tal van andere berichten en kansen voor de grotere gebeurtenissen, deze werden echter genegeerd of verkeerd begrepen. Ik geloof dat er een kantelpunt is, waarna een bepaalde actie moet worden ondernemen om je weer op het juiste pad te krijgen, anders wordt het een weg gegooid leven.

Hoofdstuk 21

Het proces

Hier zijn we dan. Dit is het moment waarop ik je de geheimen vertel. Hoe het allemaal werkt, en hoe jij het kan doen werken. Zoals ik doorheen dit boek vermeldde, is er geen eenduidig antwoord, of slecht één manier van werken. Ik zal jou geven wat voor mij heeft gewerkt en wat mij is doorgegeven, maar wat "ze" altijd het meeste benadrukken is dat je dit werk voor jezelf moet doen, en met jezelf. Dit is een erg persoonlijke reis. Elke persoon vindt zijn of haar eigen manier voor het leveren van boodschappen. Zoals ik al stelde, zijn er vele gelijkenissen en overlappingen als het aankomt op symboliek, maar enkel jij zal weten wat jouw individuele codetaal is. Dit is het gidssysteem dat je voor jezelf hebt uitgemeten, het is dus in je eigen voordeel om deze code te ontcijferen, om te weten wat JIJ zegt tegen JOU.

De beste manier om dit te achterhalen is het gewoonweg te vragen. Tot je in staat bent om direct te converseren met je Hogere Ik, spreek tegen je lichaam en zie wat het je probeert te zeggen. Het zal misschien een basaal antwoord zijn, maar het zal iets zijn dat je in de juiste richting stuurt, naar een plek van meer begrip. Het voornaamste is dat je binnenin jezelf zoekt voor antwoorden. Jouw antwoorden bevinden zich NIET buiten jezelf. Je hebt ALLE antwoorden; je gelooft het gewoon niet. Je hebt wat overtuiging nodig, en wat bewijs. Dit bewijs zal niet geleverd worden tot je je twijfel opzijschuift. Ik zei al enkele malen dat dit een proces is. Dit wil zeggen dat geen een op zichzelf staande actie het antwoord is. Het is een aaneenschakeling van dingen, actie en reactie, die je bij je antwoorden brengt en je ultieme heling. Herinner je hierbij ook dat het enige doel van het lichaam bij het leveren van boodschappen is dat ze worden erkend en begrepen. Eens dat werd bereikt is er geen reden meer tot het leveren van de boodschappen. Dus welke pijn, kwaal, symptoom of ongemak werd gebruikt om de boodschap over te brengen zal verdwijnen, er is geen reden meer voor.

Ik weet dat dit erg simpel klinkt en misschien moeilijk is om te geloven, maar onthou dat het universum niet ingewikkeld is, dus waarom zou je iets anders dan simpele methodes verwachten?

Het proces ligt in het vragen, als je iets wil weten, stel je een vraag. Vaak leidt het ene antwoord naar de volgende vraag, maar dat is hoe je begint. De vragen zijn erg belangrijk. Dit is toepasbaar bij alles wat je doet. De vragen zijn in verhouding met wat voor informatie wordt gegeven in het antwoord.

Initieel is het waarschijnlijk makkelijker om gewoon te praten tegen je lichaam. In een vorig hoofdstuk meldde ik hoe graag het lichaam wil dat je er aandacht aan schenkt en ertegen praat. Het is gezond om je lichaam boodschappen met liefde te sturen. De lichaamsdelen erkennen voor het werk dat ze doen en ze vertellen dat je ze liefhebt. Het lichaam reageert wonderlijk op berichten zoals dit. Je bent de stem van God en het zal doen wat je ook vraagt of zegt. Het is je welwillende bediende – het is hier om je te dienen op de beste manier mogelijk. Het kan enkel het toegestane werk doen en op de manier die beschikbaar is. Het zal lastiger zijn voor je lichaam om je te helpen als je het op een ongezonde manier behandelt. Het is je huis – hoe hard respecteer je het? Het is een nauwkeurig afgestelde machine, gemaakt om een lange tijd te bestaan en het geneest zichzelf als we niet tussenkomen. Je woorden zijn een bron van kracht. Het lichaam luistert altijd en zal doen wat je ook zegt. Besteed aandacht aan wat je zegt. Ik hoorde vandaag iemand spreken over hoe haar neus "de hele tijd loopt". Ik weet dat het bij haar niet opkomt dat ze haar situatie gaande houdt omdat ze die stelling aanhaalt. Ik ben er zeker van dat het onschuldig genoeg gestart is, haar lichaam probeerde haar een boodschap te leveren. Dit deed het aan de hand van druk op de sinussen en de daarbij horende lopende neus. Ze was niet op zoek naar een boodschap (aangezien ze geen weet heeft van dit geheime systeem). Ze probeerde gewoon de symptomen te bestrijden dus ze nam medicatie. Omdat ze niet tot bij de onderliggen boodschap raakte, en dus ook niet de nodige actie ondernam, bleven de symptomen aanwezig. Omdat de symptomen persistent waren, zegt ze, "Mijn neus loopt altijd." Haar lichaam luistert. Het is een trouwe, aandachtige bediende, dus het reageert met "Uw wil is Wet"! Let op je gedachten en je woorden! Ze zijn erg krachtig, onze gedachtes zijn de bron van onze realiteit en onze lichamen doen altijd exact wat we zeggen. Veel mensen zeggen, "Ik raak elke winter verkouden." Het lichaam zegt, "Okay, ik geef je een verkoudheid deze winter, je zegt het zelf."

Het kan ook helpen om naar je lichaam te kijken als je favoriete auto. Eentje waarvoor je al je zuurverdiende geld opspaarde, je meest waardevolle bezit. Je behandelt dat anders dan iets dat je niet respecteert. Als het aankomt op het reizen van de ziel van lichaam naar lichaam doorheen verschillende levens, lijkt dit misschien een wegwerplichaam. Maar deze persoonlijkheid wou "jou", het is het enige lichaam dat je hebt met deze exacte persoonlijkheid. Dit is het lichaam waarop je bent afgesteld. Dit is het lichaam waar doorheen je ziel spreekt. Heb er alsjeblief respect voor en luister als het je iets zegt.

Dus de eerste stap wordt het zoeken van een stille ruimte in je hoofd. Het kan aan de hand van meditatie, of in je auto rijden zonder geluid van buiten, of het nemen van een warm bad, of als je in de sluimerstand bent net voor je in slaap valt. Het belangrijkste is om een plek te bereiken waar er geen lage geluiden zijn of afleidingen. Spreek met het lichaamsdeel dat je problemen geeft. Als het je knie is, praat dan met je knie. Zeg, "Wat probeer je me te vertellen?" "Wat wil je dat ik weet?"

Wat je ook hoort (zelfs als het niet echt steek houdt) is je antwoord. Vertrouw op het allereerste dat in je brein naar voren kwam. Het kan zelfs komen in de vorm van een nauwelijks waarneembaar geluid. En dit geluid is als een fluistering in je hoofd. Het zal geen fysiek geluid zijn dat je buiten jezelf waarneemt. Je antwoord kan in visuele vorm komen of gewoon het "weten" van iets. Je kan bijvoorbeeld dus een beeld doorkrijgen dat je zelf moet vertalen naar een antwoord. Het weten is als je gewoonweg diep vanbinnen iets weet. Je weet niet hoe of waarom of waarom of hoe je het weet, je weet gewoon dat je het weet. Dat is ok. Onze manier om informatie te ontvangen heeft vele vormen. Er is geen exclusieve wijze die de juiste is. Het beste dat ik je hieromtrent kan meegeven is om VERTROUWEN te hebben in wat je waarneemt.

Dus de eerste stap is om te vragen, te ontvangen en het antwoord te vertrouwen. De vorige hoofdstukken over de lichaamsdelen en de boodschappen die ze overbrengen zal je wegwijs maken over de inhoud. Het is helemaal ok als je niet meteen een antwoord ontvangt. Dit is het begin van een proces en je lichaam is nog gewend aan de aandacht die je het schenkt door ermee te proberen praten. Geduld is een deugd. Je ziel zal andere manieren vinden om het antwoord door te geven. Het kan in de vorm zijn van iemand die iets tegen je zegt, iets dat je leest, een radio of televisieprogramma. Het belangrijkste is dat je probeert te verwezenlijken is naar binnen te keren en te luisteren.

Eens je een antwoord ontving, zelfs als je het niet helemaal begrepen hebt, kan je een conversatie aangaan met dit lichaamsdeel. Laat ons stellen dat het je knie is en dat je boodschap is dat je besluiteloos bent rond het bewegen in een andere richting. Eens je dat hebt ontcijferd als boodschap, kan je tegen de knie praten en het bedanken voor het doen van diens werk op zo een mooie wijze en dat je het nu begrijpt en een beslissing zal maken, en hieraan toegewijd zijn. Deze stap zou je "boodschap ontvangen en begrepen" kunnen noemen.

Hierna moet je actie ondernemen. Het is een ding om te zeggen dat je het hebt begrepen en een beslissing nam. Het is nog geheel wat anders om ook de feitelijke stappen in die richting te zetten. Dit is de actie stap. Je moet de actie ondernemen of het zal niet worden genoteerd dat de boodschap is aangekomen.

Ik vind het nodig hierbij te vermelden dat dit een planeet is met vrije wil en dat je niet hoeft te doen wat het dan ook is dat je ziel wil dat je doet. Maar onthoud hierbij dat je ziel degene is met het overzicht, het kan beter inschatten wat je hier kwam leren en doen. Dit is het communicatiesysteem dat je voor jezelf hebt opgesteld in dit doolhof dat "leven" heet. Je kan ervoor kiezen niet te luisteren en het op je eigen manier te doen, maar begrijp dat je dan een lichaam hebt dat niet goed is afgesteld en grotere gezondheidsproblemen kan ondervinden. Dit is een van de grootste rollen van je lichaam. Ik denk niet dat je dit boek zou lezen als dat je manier van denken was, dus ik ben niet helemaal zeker waarom "ze" wilden dat ik dit erbij vermeldde. Ik verklaar niet alle antwoorden te hebben. Stel je eigen vragen om te achterhalen wat je wil weten.

Eens je steevast de nieuwe richting uitgaat, zullen je symptomen verdwijnen. Als je niet langer de nood hebt om de boodschap te ontvangen, zal de boodschap verdwijnen.

Soms komt de boodschap uit een ander leven. Er zijn sommige gelijkenissen of een bepaalde reden dat het nu aan je wordt getoond. Je hebt soms wat detective-vaardigheden nodig, maar dat is onderdeel van het proces. Het kan voordelig zijn om een QHHT- sessie te ondergaan van een van onze vele getrainde beoefenaars. Het gaat om het raken tot de bron van informatie. Eens je dat lukt, zal de rest vanzelf duidelijk worden, het is immers moeilijk om terug te keren naar iets eens je die stap hebt genomen.

Ik zal even de stappen overlopen:

1. Vraag je lichaam of je Hogere Ik wat het je wil zeggen.
2. Luister naar het antwoord
3. Erkenning en wees dankbaar voor het antwoord
4. Onderneem actie rond de ontvangen informatie
5. Geniet van je nieuwe gekozen richting met een leven zonder symptomen!

Zoals ik hiervoor al vermeldde, zijn de stappen simpel en makkelijk. Echter, als iets wordt gezien als simpel, ontdoet het aan waarde. Dit werkt effectief als je het doet. Naarmate je comfortabel wordt bij de conversaties met je lichaam, zal je merken dat de communicatie verdergaat in andere manier en je zal snel merken dat je praat met je Hogere Ik. Op een bepaald moment is het makkelijk om zo'n conversatie gaande te houden. Het gaat allemaal over vertrouwen in wat je ontvangt. Het is altijd positief aangezien dat dit deel altijd het allerbeste met je voorheeft. Als je iets zou ontvangen dat niet zo lijkt stamt het uit je angst. Neem alsjeblief een kijkje in het hoofdstuk rond angst om ten volle te begrijpen hoe deze energie zich manifesteert. Het is allemaal je eigen creatie en je hebt geen reden om ergens bang van te zijn. Het is allemaal altijd voor je eigen hoogste goed.

Hoofdstuk 22

Veelvoorkomende kwalen

Wat hier volgt is een lijst van veelvoorkomende kwalen korte beschrijvingen van mogelijke boodschappen. Ik moedig sterk aan dat de hoofdstukken leest waarin wordt besproken waarom de verschillende lichaamsdelen bepaalde boodschappen weergeven en niet slechts hierop af te gaan. Zoals ik al zei, ik heb niet alle antwoorden. Je moet je eigen vragen stellen om de correcte, voor jou bedoelde, informatie te krijgen. Sommige van deze boodschappen zijn verkregen tijdens hypnosesessies, vele kwamen vanuit mijzelf, ik voelde via intuïtie doorheen de ziekte en vond zo wat de boodschap was.

Buikkrampen: Emoties inhouden, gedachten inhouden. Het niet loslaten van emoties.

Abces: Niet uitgedrukte kwaadheid. (De locatie vertelt je meer over type kwaadheid)

Ongelukken: Boodschappen. (Het type accident geeft inzicht in de boodschap.)

Pijnen: Een poging tot aandachttrekken. (De locatie geeft meer inzicht in de boodschap.)

Acne: Je probeert je te verstoppen. Je niet "goed genoeg" voelen. Kleine beetje kwaadheid die naar de oppervlakte komen.

Verslaving: De nood om je omgeving te beheersen.

Adenoids: Niet in staat zijn om jezelf uit te drukken of te zeggen wat je wil.

AIDS: Gevoel van schaamte, grote schuld. Bang van oordeel.

Alcoholisme: Verlangen om te ontsnappen, niet present te zijn.

Allergieën: Vele allergieën komen voort uit een vorig leven.

Alzheimer: Verlangen om het lichaam te verlaten, maar langzaamaan, om het voor anderen makkelijker te maken om te aanvaarden.

Geheugenverlies: Ontkenning van de huidige situatie, ontsnappen.

Bloedarmoede: Je eigen waarde niet herkennen, een gevoel van zwakte.

Enkel problemen: Niet buigzaam genoeg zijn bij het gaan in een nieuwe richting.

Anorexia: willen verdwijnen, er niet willen zijn.

Anus Problemen: Niet willen laten gaan van een probleem, een verlangen om mensen en situaties te controleren.

Angst: Het universum niet vertrouwen, je Hogere Ik niet vertrouwen, niks buiten jezelf vertrouwen.

Apathie: Niet verwikkeld zijn in de vreugde van bestaan.

Appendicitis: Kwaadheid rond je gebrek aan het loslaten van emoties.

Arm problemen: Problemen met het ontvangen en verdelen van liefde en affectie.

Arteriosclerosis: De vreugde is weg uit je leven. Hard worden in het leven.

Bloedvaten: De beweging van het leven, vreugde.

Artritis: Onbuigzaam zijn in beweging en houding aangaande een nieuwe richting in leven. In de handen: iets proberen vasthouden, of iemand…

Astma: Je beperkt voelen in leven; niet in staat zijn vrijelijk te bewegen; kan ook te maken hebben met de dood uit een vorig leven.

Atletenvoet: Problemen met ergens “uit te stappen” en een nieuwe richting aan te gaan.

Rugproblemen: Een zware last dragen en geen ondersteuning voelen.

Onderrug / middenrug (het ondersteuningssysteem): Je niet ondersteund voelen.

Bovenrug, Nek en Schouder Spanning: Andermans problemen dragen, het gevoel hebben dat de wereld op je schouders rust.

Balans, Verlies ervan: Besluiteloosheid; onzekerheid over de volgende stap.

Bedwateren: Onzeker zijn bij het vrijlaten van emoties.

Geboortevlekken: Karmatisch, ge ontwerpt en beslist het gehele ontwerp van dit lichaam vooraleer je erin besluit te huizen.

Blaasproblemen: Problemen met het loslaten van iets. (Angst om het te houden of om het te laten gaan.)

Bloedingen: Niet langer je eigen levenskracht kunnen controleren.

Bloedend Tandvlees: Je niet in controle voelen van wat je zegt.

Bloed: Levenskracht van het lichaam.

Bloed Problemen: Problemen met hoe je je leven ziet. Een gebrek aan vreugde en "leven" in je leven.

Bloeddruk: Een gebrek aan vertrouwen in de wereld rond je.

Lichaamsgeur: Een afkeuring van jezelf, anderen hun aandacht weghouden.

Botten: Kaderwerk van het lichaam.

Botproblemen: Problemen met je plannen; niet zeker zijn over je beslissingen.

Darmen: Het elimineren van afval in het lichaam.

Darmproblemen: Problemen met het elimineren van afval in je leven. Angst om te laten gaan.

Brein: Centrale computer of berichtencentrale van het lichaam.

Breinproblemen: Problemen met het ontvangen van boodschappen; weerstand bij de input van informatie.

Borsten: Voedende centrum van het lichaam.

Borstproblemen: Problemen met / kwaadheid rond voeden of niet gevoed genoeg zijn of het niet in staat zijn tot voeden, liefhebben.

Ademhalingsproblemen: Niet deelnemen aan het leven. Bang zijn van het leven.

Bronchitis: Het uitdoven van de levenskracht. Een beperking van verlangens.

Kneuzingen: Geen aandacht besteden aan jezelf.

Brandwonden: Een dringende boodschap om ergens aandacht aan te besteden. (De plek van de brandwonde zal je meer inzicht in de boodschap geven.)

Kanker: Sterke haat of resentment of kwaadheid gericht naar een ander individu, maar dit nooit uitende, kwaadheid naar binnen gekeerd.

Kankerzweren: Kwade woorden die willen worden geuit.

Cataract: Niet willen zien wat nog komt, angst voor de toekomst.

Rillingen: Een verlangen om zich terug te trekken uit een sociale situatie.

Chronische ziekte: Weerstand tot het begrijpen / aanvaarden van de boodschappen.

Verkoudheden: Besluiteloosheid, de nood om een beslissing te maken en dit niet doen; zelfmedelijden hebben en activiteit willen vertragen. Overwerkt zijn en rust nodig hebben.

Colitis en eliminatieproblemen: Te aanhankelijk zijn, situaties niet loslaten.

Coma: Complete ontsnapping van de situatie.

Conjunctivitis: Kwaad zijn op wat je ziet. Een situatie niet willen zien voor wat het is.

Constipatie: Wat probeer je vast te houden?

Cystes: Kwaadheid. De plaats geeft meer inzicht rond het onderwerp van je kwaadheid.

Cystische Fibrose: Je niet vrij voelen om je leven te leiden. Je beperkt voelen.

Doofheid: Niet willen luisteren. Wat wil je niet horen?

Depressie: Ontsnappen uit het heden.

Diabetes: Een gebrek aan zoetheid, vreugde in je leven.

Diarree / frequente urinering: Wat probeer je snel uit je leven te verwijderen?

Spijsverteringsproblemen: Wat is er aan de hand dat je niet kan verteren?

Duizeligheid: Je niet geaard voelen. Je onstabiel voelen, besluiteloos zijn.

Oren: Zintuig om mee te horen.

Oorproblemen: Problemen met advies horen van anderen of onszelf.

Eczeem: Teveel energie dat in het lichaam komt. Verbrand in een ander leven.

Edema: Vasthouden aan emoties. Emoties niet laten vloeien.

Elleboog: Het gewricht dat de armen toestaat liefde en affectie te omarmen.

Emphysema: Angst om te leven. Bang zijn om te leven.

Epilepsie: Teveel energie dat in het lichaam komt.

Ogen: Zintuig om mee te zien; hoe we de wereld rondom ons waarnemen.

Oogziekten: Gebrek of weigering om dingen te zien hoe ze zijn of het niet nader willen beschouwen van iets, niet in staat zijn om het overzicht te zien.

Verziendheid: Angst voor het heden.

Bijziendheid: Angst voor de toekomst.

Cataract / staar: Angst om de situatie te zien zoals die is.

Glaucoma: Ontkenning van de situatie.

Gezicht: Hoe je jezelf presenteert naar de wereld, naar anderen.

Val / ongeluk: Je onzeker voelen; geen been hebben om op te staan.

Vet: Nood om jezelf te beschermen van een ongewilde situatie.

Vermoeidheid: Poging om te ontsnappen aan de huidige situatie.

Voeten: Verplaatsen je in nieuwe richtingen en situaties.

Voetproblemen: Weerstand om een andere richting uit te gaan.

Vrouwelijke problemen: Je niet creatief voelen. Je een slachtoffer voelen. Problemen hebben met je vrouwelijkheid.

Fibroid Tumoren: Je schuldig voelen of rouw voelen voor verloren zwangerschappen; een groot verlangen om kinderen te hebben.

Voet, Been, Heup (Pijn): Niet de juiste kant opgaan, terughoudendheid vertonen bij wat ze zouden moeten doen.

Galstenen: Een verharden of verstrengen, vernauwen van het gedachteproces

Gangreen: Een verlangen om dit leven "stukje bij beetje" te verlaten.

Gasophoping: Moeilijkheden bij het verwerken van gedachtes en emoties.

Gastritis: Niet in staat zijn, onwil om kwade emoties los te laten.

Handen: Handen worden gebruikt om dingen te accepteren en vast te houden, ook voorwerpen.

Hoofdpijnen: Druk / stress in dit leven of een trauma uit een vorig leven.

Hoorproblemen: Onmogelijkheid of onwil tot luisteren of accpeteren wat er gehoord wordt. Iets niet willen horen.

Hartaanval: Je onder druk gezet voelen door verantwoordelijkheid; willen ontsnappen.

Hartproblemen: Het hart is de zetel van de emoties, problemen met liefde in je leven, niet puur partnerschap.

Aambeien: Nood om "je kont op te heffen" en beginnen te bewegen; iets is je een "schop onder de kont" aan het proberen geven.

Hepatitis: Kwaadheid rond een giftige situatie.

Hernia: Een beperking in emoties; het gevoel hebben dat je je emoties niet kan uitdrukken.

Herpes: Schaamte of schuld voelen rond je seksualiteit.

Heup: gewricht dat het been toestaat te buigen en bewegen.

Heupproblemen: Weerstand tot het bewegen in de verlangde richting.

Hives: Een irritatie van binnenuit; jezelf opvreten met zorgen.

Impotentie: Je het slachtoffer voelen; problemen met je mannelijkheid ervaren; je overweldigd voelen door een vrouw. Een gelofte tot celibaat zijn in een vorig leven.

Incontinentie: Je machteloos voelen; verlies van controle.

Indigestie: Je niet comfortabel voelen met iets dat je doet of zegt.

Infectie: Kwaadheid naar jezelf toe. De plek van de infectie verschaft meer inzicht in het onderwerp van je kwaadheid.

Onsteking – "itis": Kwade gedachten naar jezelf of iets. (De plaats van de ontsteking verschaft een dieper inzicht.)

Influenza: Je kwetsbaar voelen; een slachtoffer; rust nodig hebben.

Ingegroeide teennagel: Weerstand om vooruit te gaan.

Klinisch gestoord: Ontsnappen uit de huidige realiteit; geen verantwoordelijkheid nemen voor jezelf.

Slapeloosheid: Angst, doorgaans rond iets dat gebeurde tijdens de kinderjaren.

Jeuk: Een verlangen om te bewegen, om eraan te beginnen.

Kaakproblemen: Niet je eigen waarheid spreken; angst om te worden afgewezen; angst dat je "niet goed genoeg" bent.

Gewrichten: Buigzame punten in het lichaam welke het lichaam toestaan te bewegen.

Nierproblemen: Wat probeer je uit je leven te krijgen? Wat is je leven aan het vergiftigen?

Knieën: Punten van buigzaamheid van de benen, laat het been bewegen.

Knieproblemen: Weerstand om de verlangde kant uit te gaan in je leven.

Laryngitis: Onmogelijkheid of angst tot het uiten van jezelf.

Benen: Deel van het lichaam dat je beweegt en je vooruit brengt.

Benen Problemen: Weerstand om vooruit te gaan.

Leukemie: Verlangen om dit leven en de planeet te verlaten.

Lever: Filtert giftige stoffen uit het lichaam.

Leverproblemen: Je hebt een probleem met een giftige situatie of effectieve giftige stoffen / vergif in je leven.

Lupus: Je valt jezelf aan, een nood voelen om gestraft te worden.

Lymfeklierproblemen: Je hebt het gevoel dat je onder vuur wordt genomen, in de slachtofferrol.

Longproblemen (astma): Je beperkt voelen, je verstikt voelen door individuen of situaties.

Menopauze problemen: Je persoonlijke kracht voelen wegebben; je niet creatief voelen.

Menstruatieproblemen: Weerstand om in je vrouwelijke kracht te zetelen, je niet creatief voelen.

Migraine Hoofdpijn: Overblijfsel van trauma uit een vorig leven.

Mondproblemen: Niet je waarheid spreken; nood tot uiten.

Multiple sclerosis: Kwaadheid in communicatie; je boodschappen niet ontvangen.

Nek: Staat het hoofd toe om rond te draaien en verschillende perspectieven aan te nemen.

Nekproblemen: Stijfheid of een gebrek aan flexibiliteit bij het zien van zaken uit een ander perspectief of standpunt.

Zenuwziektes: Stress, bezorgdheid, te veel input in het systeem.

Neusproblemen: Niet willen kijken naar een situatie die zich vlak onder je neus bevindt.

Overgewicht: Jezelf beschermen, je wil niet gekwetst raken, misschien honger geleden in een vorig leven.

Pancreasproblemen (diabetes): Een gebrek aan zoetheid, vreugde in je leven.

Verlamming: Angst of besluiteloosheid over je huidige koers. De plek van de verlamming zal je meer vertellen over de boodschap.

Parkinson ziekte: De mensen en situaties rondom je willen controleren.

Phlebitis: Blokkades in de flow van energie in je leven. (De plek van de klonter zal je meer inzicht verschaffen in welk gebied van het leven dat wordt bedoeld.)

Longontsteking: Moeheid aangaande leven, verlies van vreugde in dit leven.

Prostaatproblemen (Mannelijk): Een verlies voelen, een misbruik of verkeerd gebruik van macht.

Huiduitslag: Irritatie rond een situatie; de plaats van de irritatie zal meer inzicht verschaffen in de situatie.

Voorplantingsproblemen (Vrouwelijk): (Creatief Centrum) Niet waarderen van je vrouwelijkheid, je zo niet durven uitdrukken. Schuldgevoel, angst rond het uitdrukken van de ontvangende kwaliteit. Je niet creatief voelen. Kinderen willen of schuldgevoel voor verloren zwangerschappen.

Reumatische artritis: Vasthouden aan iets of iemand met een zware hardnekkigheid. Niet loslaten.

Scoliose: Geen standpunt innemen voor jezelf, te makkelijk veranderbaar zijn.

Seksuele Problemen: Niet genoeg of te veel seks, misschien een gelofte tot celibaat afgelegd in een vorig leven.

Sinusproblemen: Druk die wordt uitgeoefend door iemand dichtbij, doorgaans jezelf.

Uitglijden: Geen solide fundering hebben om op te staan; geen been hebben om op te staan…

Ruggengraat: Het ondersteunende deel van het lichaam; het houdt je recht.

Ruggengraat verbuiging: Niet opstaan voor waar je in gelooft, te twijfelachtig zijn.

Maagproblemen: Je emoties binnen houden en ze niet vrij laten; niet in staat zijn om iets te verteren, iets op de lever hebben liggen.

Zwellen: Het niet loslaten van emoties, de plek zal je meer inzicht verschaffen in de situatie en welke emoties.

Tape worm: Slachtoffergevoel, wat is je vanbinnen uit aan het opvreten?

Tandproblemen: Angst of onmogelijkheid om je waarheid te spreken.

Thyroid Problemen: Angst dat wat je te zeggen hebt niet belangrijk is.

Tinnitus: Niet luisteren naar je raad. Kan ook een oproep zijn tot het verhogen van je frequentie.

Keelproblemen: Niet je waarheid spreken, terughoudend zijn. Angst om te spreken.

Zweren: Wat vreet aan je? Sta je anderen toe je te controleren?

Blaasontsteking: Je moet een giftige situatie uit je leven verwijderen.

Baarmoeder: Het creatieve centrum en de plek van vrouwelijke kracht.

Venereal ziekte: Schaamte of schuld rond seksualiteit voelen. Kan ook een kuisheidsgelofte hebben afgelegd in een vorig leven.

Wratten: Jezelf lelijk voelen; gevoelens van zelfhaat.

Julia Cannon

Julia werd een gediplomeerde verpleegster met als specialisatie Intensieve zorgen en thuiszorg gedurende een 20-jarige carrière. Ze besloot andere aspecten rond genezing te onderzoeken en is getraind in Herbindings Helen en Dolores Cannon's Quantum Healing Hypnosis Therapie.

Haar energetische genezing heeft zijn eigen dimensie verworven en vormde zichzelf in tot wat ze "lichtwerpen" noemt. Innerlijke lichten komen vanuit de handen om energie te sturen waar nodig om zodoende tekortkomingen in het lichaam te herstellen. Dit in evenwicht brengen kan gebeuren op het fysieke, mentale en/of spirituele niveau. Terwijl ze bezig is met werken in iemands energetische veld, krijgt ze instinctieve boodschappen/indrukken over wat er gaande is en wat er moet gebeuren om de persoon te helpen met het bewerkstelligen van hun eigen genezing.

Als Julia energetisch afstandswerk doet, wordt ze via de intuïtie meegenomen in het lichaam om te zien hoe de toestand eruit ziet en dan worden haar methodes gegeven om de situatie recht te zetten. Dit was een spontane ontwikkeling die haar blijft verbazen in zijn toepassing.

Other Books by Ozark Mountain Publishing, Inc.

Dolores Cannon
A Soul Remembers Hiroshima
Between Death and Life
Conversations with Nostradamus,
Volume I, II, III
The Convoluted Universe -Book One,
Two, Three, Four, Five
The Custodians
Five Lives Remembered
Jesus and the Essenes
Keepers of the Garden
Legacy from the Stars
The Legend of Starcrash
The Search for Hidden Sacred Knowledge
They Walked with Jesus
The Three Waves of Volunteers and the
New Earth
Aron Abrahamsen
Holiday in Heaven
Out of the Archives – Earth Changes
James Ream Adams
Little Steps
Justine Alessi & M. E. McMillan
Rebirth of the Oracle
Kathryn/Patrick Andries
Naked in Public
Kathryn Andries
The Big Desire
Dream Doctor
Soul Choices: Six Paths to Find Your Life
Purpose
Soul Choices: Six Paths to Fulfilling
Relationships
Patrick Andries
Owners Manual for the Mind
Cat Baldwin
Divine Gifts of Healing
Dan Bird
Finding Your Way in the Spiritual Age
Waking Up in the Spiritual Age
Julia Cannon
Soul Speak – The Language of Your Body
Ronald Chapman
Seeing True
Albert Cheung
The Emperor's Stargate
Jack Churchward
Lifting the Veil on the Lost Continent of
Mu
The Stone Tablets of Mu
Sherri Cortland
Guide Group Fridays
Raising Our Vibrations for the New Age
Spiritual Tool Box
Windows of Opportunity
Patrick De Haan
The Alien Handbook
Paulinne Delcour-Min
Spiritual Gold
Holly Ice
Divine Fire
Joanne DiMaggio
Edgar Cayce and the Unfulfilled Destiny
of Thomas Jefferson Reborn
Anthony DeNino
The Power of Giving and Gratitude
Michael Dennis
Morning Coffee with God
God's Many Mansions
Carolyn Greer Daly
Opening to Fullness of Spirit
Anita Holmes
Twidders
Aaron Hoopes
Reconnecting to the Earth
Victoria Hunt
Kiss the Wind
Patricia Irvine
In Light and In Shade
Kevin Killen
Ghosts and Me
Diane Lewis
From Psychic to Soul
Donna Lynn
From Fear to Love
Maureen McGill
Baby It's You
Maureen McGill & Nola Davis
Live from the Other Side
Curt Melliger
Heaven Here on Earth
Henry Michaelson
And Jesus Said – A Conversation
Dennis Milner
Kosmos
Andy Myers
Not Your Average Angel Book
Guy Needler
Avoiding Karma
Beyond the Source – Book 1, Book 2
The Anne Dialogues

For more information about any of the above titles, soon to be released titles,
or other items in our catalog, write, phone or visit our website:
PO Box 754, Huntsville, AR 72740
479-738-2348/800-935-0045
www.ozarkmt.com

Other Books by Ozark Mountain Publishing, Inc.

The Curators
The History of God
The Origin Speaks
James Nussbaumer
And Then I Knew My Abundance
The Master of Everything
Mastering Your Own Spiritual Freedom
Living Your Dram, Not Someone Else's
Sherry O'Brian
Peaks and Valleys
Riet Okken
The Liberating Power of Emotions
Gabrielle Orr
Akashic Records: One True Love
Let Miracles Happen
Victor Parachin
Sit a Bit
Nikki Pattillo
A Spiritual Evolution
Children of the Stars
Rev. Grant H. Pealer
A Funny Thing Happened on the Way to Heaven
Worlds Beyond Death
Victoria Pendragon
Born Healers
Feng Shui from the Inside, Out
Sleep Magic
The Sleeping Phoenix
Being In A Body
Michael Perlin
Fantastic Adventures in Metaphysics
Walter Pullen
Evolution of the Spirit
Debra Rayburn
Let's Get Natural with Herbs
Charmian Redwood
A New Earth Rising
Coming Home to Lemuria
David Rivinus
Always Dreaming
Richard Rowe
Imagining the Unimaginable
Exploring the Divine Library
M. Don Schorn
Elder Gods of Antiquity
Legacy of the Elder Gods
Gardens of the Elder Gods
Reincarnation...Stepping Stones of Life
Garnet Schulhauser
Dance of Eternal Rapture
Dance of Heavenly Bliss
Dancing Forever with Spirit
Dancing on a Stamp
Manuella Stoerzer
Headless Chicken
Annie Stillwater Gray
Education of a Guardian Angel
The Dawn Book
Work of a Guardian Angel
Joys of a Guardian Angel
Blair Styra
Don't Change the Channel
Who Catharted
Natalie Sudman
Application of Impossible Things
L.R. Sumpter
Judy's Story
The Old is New
We Are the Creators
Artur Tradevosyan
Croton
Jim Thomas
Tales from the Trance
Jolene and Jason Tierney
A Quest of Transcendence
Nicholas Vesey
Living the Life-Force
Janie Wells
Embracing the Human Journey
Payment for Passage
Dennis Wheatley/ Maria Wheatley
The Essential Dowsing Guide
Maria Wheatley
Druidic Soul Star Astrology
Jacquelyn Wiersma
The Zodiac Recipe
Sherry Wilde
The Forgotten Promise
Lyn Willmoth
A Small Book of Comfort
Stuart Wilson & Joanna Prentis
Atlantis and the New Consciousness
Beyond Limitations
The Essenes -Children of the Light
The Magdalene Version
Power of the Magdalene
Robert Winterhalter
The Healing Christ

For more information about any of the above titles, soon to be released titles, or other items in our catalog, write, phone or visit our website:
PO Box 754, Huntsville, AR 72740
479-738-2348/800-935-0045
www.ozarkmt.com

www.ingramcontent.com/pod-product-compliance
Lightning Source LLC
Chambersburg PA
CBHW051728090426
42738CB00010B/2155

9781950608485